《曾仕强国学智慧系列》

曾国藩
识人用人之道

曾仕强 著

浙江工商大學出版社 | 杭州
ZHEJIANG GONGSHANG UNIVERSITY PRESS

图书在版编目（CIP）数据

曾国藩识人用人之道 / 曾仕强著．—杭州：浙江工商大学出版社，2019.7
　　ISBN 978-7-5178-3243-0

　　Ⅰ．①曾… Ⅱ．①曾… Ⅲ．①曾国藩（1811-1872）—人才学 Ⅳ．① C96-092

中国版本图书馆 CIP 数据核字（2019）第 093424 号

曾国藩识人用人之道
ZENGGUOFAN SHIRENYONGREN ZHIDAO
曾仕强 著

责任编辑	唐　红　谭娟娟
封面设计	上尚设计
责任印制	包建辉
出版发行	浙江工商大学出版社
	（杭州市教工路 198 号　邮政编码 310012）
	（E-mail：zjgsupress@163.com）
	（网址：http://www.zjgsupress.com）
	电话：0571-88904980，88831806（传真）
排　　版	徐　慧
印　　刷	北京晨旭印刷厂
开　　本	787mm×1092mm　1/16
印　　张	18.5
字　　数	201 千
版 印 次	2019 年 7 月第 1 版　2019 年 7 月第 1 次印刷
书　　号	ISBN 978-7-5178-3243-0
定　　价	68.00 元

版权所有　翻印必究　印装差错　负责调换
浙江工商大学出版社营销部邮购电话　0571-88904970

目 录

第一章
曾国藩的传奇一生

第一节　人可以改变自己的命运 / 004

一、人只是死后是"龙"是"虫"的区别 / 004

二、每个人一辈子都只喝两杯酒 / 007

第二节　曾国藩把自己的命改了 / 012

一、屡考不中：最妙的就是连考不中 / 013

二、结婚生子：该做的事绝不能拖拉 / 015

三、进翰林院：被冷冻时是什么反应 / 018

四、一病再病：病时要有病时的做法 / 020

五、整理家训：闲的时候就要找事做 / 026

六、多次上疏：曾国藩也"愤青"过 / 026

七、出任主帅：该出手时就得出手 / 028

八、兵败投水：曾国藩走投无路了 / 035

九、回家反省：寻求安身立命之所 / 038

十、决心改变：曾国藩一生的功课 / 039

I

十一、发挥余热：为国为民谋求福利 / 044

十二、裁军不辞官：功成身退得善终 / 045

第三节 曾国藩并不是天生圣人 / 047

第二章
一生经验尽在《挺经》

第一节 了解自己，了解他人 / 053

第二节 人生处世十八心法 / 054

一、内圣：做最好的自己 / 054

二、励志：要有大器量大格局 / 057

三、家范：学校没法代替家庭 / 057

四、明强：要有倔强刚强之气 / 061

五、坚忍：善于忍耐，静待时机 / 062

六、刚柔：该刚时刚，该柔时柔 / 063

七、英才：每个时期都有诸葛亮 / 064

八、廉矩：廉洁之风使国家兴盛 / 065

九、勤敬：站在百姓立场看问题 / 066

十、诡道：可多变，但不可耍诈 / 069

十一、久战：胜负关键在于士气 / 070

十二、廪实：奢侈只会败家亡国 / 071

十三、峻法：不以人情违背法令 / 074

十四、外王：自立自强令人敬畏 / 074

十五、忠疑：只需做好该做的事 / 077

十六、荷道：少作误人害己之文 / 078

十七、藏锋：锋芒太露最易树敌 / 079

十八、盈虚：水满则溢，人满则败 / 080

第三章

中国识人第一书《冰鉴》

第一节 《冰鉴》七篇 / 085

一、神骨：看正邪看骨气 / 086

二、刚柔：看信念看态度 / 091

三、容貌：看人生看命运 / 094

四、情态：看精神看人心 / 096

五、须眉：看气概看健康 / 097

六、声音：看魅力看境界 / 098

七、气色：看情绪看修为 / 099

第二节 看人八诀 / 099

一、邪正看眼鼻：眼闪鼻歪的人不正直 / 100

二、聪明看嘴唇：嘴唇厚的人多半忠厚 / 101

三、功名看气宇：气宇轩昂的人更争气 / 102

四、事业看精神：精神专注的人易成功 / 103

五、寿夭看指爪：手脚要有气而又柔软 / 103

六、风波看脚跟：脚步稳重的人有担当 / 104

七、条理看语言：透过语言看人的内心 / 105

八、信又要不信：不可不信，不可全信 / 106

第四章

曾国藩的识人绝活

第一节　曾国藩的识人之乐 / 112

一、制胜根本在于人才 / 113

二、先识别而后能培养 / 113

三、识人是在上者责任 / 114

四、唯有识人才能用人 / 114

第二节　识人哪有那么难 / 115

一、勤读史书学古人 / 115

二、自省己过管自己 / 118

三、识人为公聚人才 / 120

第三节　看人究竟看什么 / 121

一、有无独立之志 / 121

二、有无过人胆识 / 125

三、有无持久恒心 / 126

第四节　哪种人才合你意 / 126

一、四等人才 / 127

二、三类人才 / 128

第五章

曾国藩的用人高招

第一节 攻略：是人才就吃这一套 / 134

一、人才始终是头等大事 / 134

二、自立立人，自达达人 / 136

三、无为而治，以诚相待 / 137

四、适才适任，妥当安排 / 139

五、适时交心，真诚不欺 / 140

六、"以志帅气，以静制动" / 140

第二节 广收：先把场子做大再说 / 142

一、广收人才靠"同"缘 / 142

二、曾国藩的内外优势 / 145

第三节 慎用：用错人后果很严重 / 150

一、领导者的大事 / 151

二、谨慎试用人才 / 153

三、湘军招募原则 / 155

四、重德胜于其他 / 155

五、"五到"考查标准 / 157

第四节 勤教：栽培一个人不容易 / 160

一、勤教四大方法 / 160

二、这样才叫勤教 / 164

第五节　严绳：治军治民都必须严 / 165

一、曾氏家训八字诀 / 165

二、治军治民皆从严 / 169

第六节　激励：这其实是一门艺术 / 170

一、看人给奖励 / 170

二、第二次再罚 / 170

三、担责不抢功 / 171

第六章

识人用人先修己

第一节　讲求以道德化人 / 175

一、道德至上：只有修德可以救你 / 178

二、忠孝节义：耍不过人家就别耍 / 187

三、刚健坚忍：要能忍也要能受辱 / 195

四、谦虚谨慎：让你事事如鱼得水 / 196

五、胸襟宽广：什么人都可以交游 / 200

六、进德修业：只有这二事能做主 / 203

七、不慕虚名：到头来都是一场空 / 205

八、一心为公：我不是跟他合不来 / 206

第二节　官场生存智慧 / 213

一、闲忙无度的三大病根 / 213

二、顺应时势，当机立断 / 218

三、急流勇退，明哲保身 / 222

四、公私界限，务必划清 / 226

五、孤傲、多言最易致祸 / 227

六、熟读历史，灵活运用 / 228

第七章
实在是理想楷模

第一节 三不朽典范 / 234

一、立德：晚节得以保全 / 235

二、立功：开创中兴大业 / 236

三、立言：家书广为流传 / 237

第二节 千古第一完人 / 237

一、德才兼备，文武双全 / 237

二、有宗教家的信仰 / 238

三、有道德家的笃实 / 238

四、有艺术家的文采 / 239

五、有哲学家的深思 / 241

六、有科学家的条理 / 241

七、有政治家的手腕 / 241

八、有军事家的韬略 / 242

第三节　百炼终成钢 / 242

一、良师益友，遍结同人 / 243

二、刚柔相济，外圆内方 / 245

三、脚踏实地，持之以恒 / 248

四、人生就是阶段性调整 / 256

五、左手《易经》，右手《三国》/ 258

第四节　曾国藩的告诫 / 261

一、继旧开新，而非求新求变 / 261

二、治学有方，而非开卷有益 / 262

三、深思熟虑，而非立即反应 / 262

后记 / 265

附录一　曾国藩年表 / 270

附录二　易经卦爻辞（部分）/ 274

附录三　曾仕强智慧语录 / 280

第一章
曾国藩的传奇一生

曾国藩，是清朝一位非常了不起的人物。他与李鸿章、左宗棠、张之洞被并称为"晚清四大名臣"，官至武英殿大学士、两江总督，他也是"湘军之父"，是湘军的创立者和统率者。曾国藩一生追求修身、齐家、治国，在文学、军事、学术思想等方面都有极高的成就，是晚清道光、咸丰、同治年间政治、军事、文化上极有影响的代表人物。有人说，如果以人物断代的话，曾国藩是中国古代历史上的最后一人，近代历史上的第一人。

梁启超曾这样评价曾国藩："岂惟近代，盖有史以来不一二睹之大人也已；岂惟我国，抑全世界不一二睹之大人也已……然乃立德、立功、立言三不朽，所成就震古铄今而莫与京者……"毛泽东也曾说"愚于近人，独服曾文正"。蒋介石对曾国藩更是顶礼膜拜，认为其为人之道，"足为吾人之师资"，"其著作为任何政治家所必读"，他还将《曾文正公全集》常置案旁，终生拜读不辍。徐中约则在《中国近代史》中这样评价他："曾国藩的政治家风度、品格及个人修养很少有人能予匹敌。他或许是十九世纪中国最受人敬仰、最伟大的学者型官员。"

可以说，曾国藩是中国近代现代化建设的开拓者、修身齐家治国的千古完人、中国传统文化持家教子的成功者，也是中国传统文化人格精神的典范式人物，更是深刻影响数代人的精神偶像。

一般人在看历史人物的时候，会不知不觉地去重视他的时代背景，这点当然很重要，可是年代、地名等其实与我们并没有太大的关系。我讲曾国藩，会采取不同的方向，也就是说，关注点不在时代背景这类问题上，我比较重视的是他真正值得我们学习的地方。曾国藩在历史上争议很大，然而他确实有一些公认的出色之处，比如为官、治家、修身，这些都是深受人们钦佩和敬仰的。

但是曾国藩其实并不仅仅是因"千古第一完人"这一名号而名留后世，他还是晚清第一名臣，更被尊称为"官圣"，而为他赢来两个美名的最大"功臣"应该就是他威震天下、声名远扬的识人用人的功夫。曾国藩可谓"阅尽举国人才"，他是当时门人最众、向朝廷举荐人才最多且最优的能臣。晚清时期几乎所有响当当的名字都与他有或深或浅的渊源，比如胡林翼、左宗棠、李鸿章等，很多都是拜他所赏识、培养或推荐而终成栋梁之材的。因此我们就来看看曾国藩是怎样炼成这一身令人称奇的慧眼识人、灵活用人的功夫，他这一身功夫具体一招一式又是怎样的，哪些依然能为我们所用、所借鉴。

第一节

人可以改变自己的命运

一、人只是死后是"龙"是"虫"的区别

做人，其实都大同小异。人有生必有死，没有人能够例外，人生所不同的只是过程（见图1）。每个人，尤其是我们中国人，生下来都是一条"龙"，只是死后到底是"龙"还是"虫"的区别。

任何人生了一个孩子，人们都说他是天赐的麟儿，说他是要担当大任的人。现在如果赶上龙年，很多人都想生小孩，其实这是很不妥当的，因为这实际上是在害自己的孩子。龙年生的人多，将来考试的人多，找工作的人多，孩子的竞争者自然也就更多。我们以为是对的，其实经常是错的，我们以为是错的，反而往往是对的，这是现代人最大的悲哀。可是大家就是相信那些错误的想法，那有什么办法？只能自作自受，怪不了别人。有一句话叫"人多的地方不要去"，就是说不要盲目从众。少传播不正确的说法，这也是功德。

孩子出生了，作为父母，我们对他有期待、有希望，这没有错。可是到最后，孩子临死时，任何人会对此回天乏术，他最终还是会入土为安，他的一生也就这样结束了。所以人与人不同的是过程。但现代人不重视过程，只重视结果。无论做什么都是赢了就是赢了，输了就是输了，完全不在乎是怎么赢或怎么输的。人生应该重视的是过程，而不应该是结果。因为结果往往不是我们所能控制的，我们所能掌握的只是过程，在过程中如何做好每一件事（见图1）。

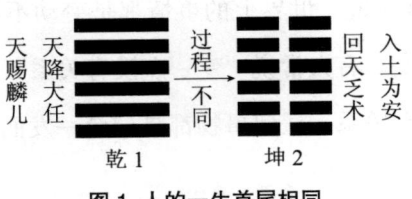

图1 人的一生首尾相同

大家都知道，《易经》是一部专论"八卦"的书。《易经》六十四卦（六十四卦即为八卦两两相重而得），每卦由六条线条组成,这些线条称为"爻"。"爻"象征事物性质与现象的错综复杂。所以孔子说:"爻者,言乎变者也。""——"称为"阳爻",用"九"表示;"— —"称为"阴爻",用"六"表示。六爻的位置称为"爻位",自下而上分别为"初""二""三""四""五""上"。从下至上分别为初爻、二爻、三爻、四爻、五爻、上爻,这六爻代表事物发展的六个阶段。每个爻题就是由阴、阳爻数字名称,即六、九和爻位名称组成的。如乾卦自下而上分别为初九、九二、九三、九四、九五、上九爻。

其实,每个人生下来都是乾卦。为便于大家理解,我在这里画一个图(见图2):只要有一个爻变动,整个卦就会变成不同的卦。《易经》的巽卦、兑卦、离卦、坎卦、艮卦、震卦、坤卦这七卦,都是由乾卦变出来的。乾卦的初九爻一变,就变成第44卦——姤卦;九二爻一变,就变成第13卦——同人卦;九三爻一变,就变成第10卦——履卦;九四爻一变,就变成第9卦——小畜卦;九五爻一变,就变成第14卦——大有卦;上九爻一变,就变成第43卦——夬卦。我们常听人说"变卦",也就是改变主意的意思,实际上人是很容易变卦的,只要起心动念,就会变卦,因此没有固定的卦这一说。世界上的事情都是变动不居的,只要差一点,整个就会改变。有人常说"变一点没有关系",其实怎么会"没有关系",绝对有关系,任何事物都是"牵一发而动全身"的。

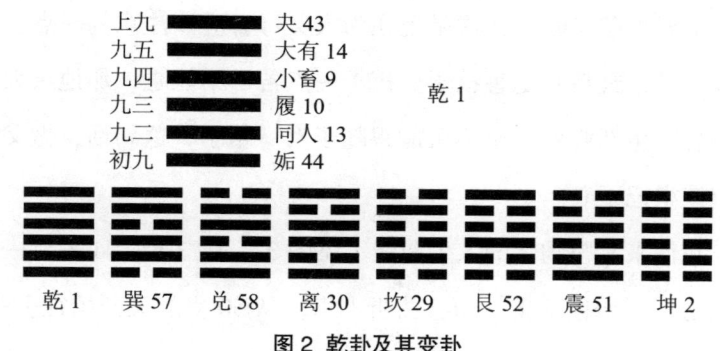

图2 乾卦及其变卦

我们知道,曾国藩的一生,其实也是有很多因素牵扯着的,他实际上很容易走上邪路,但是他没有。那他是怎样使他的一生那么成功的呢?这是真正值得我们学习的地方,也是我们后面会着重关注和讨论的问题。

二、每个人一辈子都只喝两杯酒

每个人的一生其实都是一条曲线。如果这条曲线最后是往下走,那就是晚节不保。很多人年轻时飞黄腾达,可是到了晚年一败涂地。其实我们倒情愿这条线一直是从下往上走的,虽然一开始是谷底,但是没有关系,始终都会朝好的方向发展。最怕的是越走越向下,那会很糟糕。

每个人的一生也都是起起伏伏的,为什么?因为老天是公平的,它不可能让你一直都走得很顺,也不可能让你一直都走得不顺。每个人一辈子只喝两杯酒:一杯苦酒,一杯甜酒。关键看你怎么喝,你先把甜的灌下去喝光,后面就会受罪。因此我们宁可年轻的时候受点罪、吃点苦,然后随着自己成长,以后就会越来越轻松。

不要怕孩子吃苦，这是现在为人父母者应该注意的一点。过分爱孩子，最后只是害孩子。孩子一点苦都不能吃，那他长大以后要怎么生活呢？父母不可能跟随子女一辈子，这句话，做父母的应该牢记于心。

我们来看曾国藩的人生曲线（见图3），他30～41岁到一个顶点之后开始往下走，而且曲折不堪，从50岁起又开始往上走，最后到62岁善终。人生就是一条曲线，每个人都是经过中间的种种曲折，最后走完自己的一生。

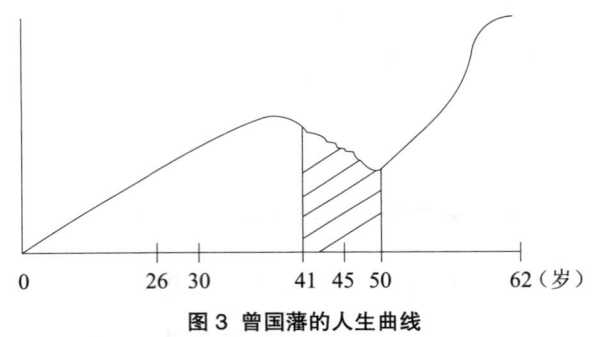

图3 曾国藩的人生曲线

曾国藩有十年时间吃尽了苦头，要死死不得，要活活不了。41岁到50岁这整整十年，是他一生中最艰难、最痛苦，但也是他最成功、最幸运的一段时期。他被尊称为"大清中兴名臣""湘军之父""东南之王""儒学大师"。其实"湘军之父"并不是他，而是罗泽南，是罗泽南把这个称号让给曾国藩的，这里面有一段故事，我们后面会专门讲到。

我之所以会提到这件事，主要是想说，当你修炼得很好的时候，坏人碰到你都会变为好人；而当你修炼得不好的时候，所有好人遇到你统统会变为坏人，那你的处境就会很艰难。其实一切都在于你自己的感应，而不是别人存心要对你怎么样。因为曾国藩能让众人心服口服，所以罗泽南也愿意把"湘军之父"这个称号放在他身上以锦上添花。

曾国藩之所以有这么高的名望，可以说，就是因为有这十年的锻炼。他一生中最了不起的就是那十年受尽了千苦万难。所以说这也是他一生中最成功、最幸运的时期。如果没有这十年的锻炼，他后来很可能就不会修成正果。中国人所讲的"修成正果"，其实就是善终、好死，但是要想得到好死，却是非常不容易的。

其实人应该受苦，吃苦就是吃补。经常有一些年长的朋友问我应该怎样养生、怎样保健之类的问题。实际上一个人到65岁以后，只要记住三句话就够了：第一句话，绝对不要吃好；第二句话，绝对不要吃饱；第三句话，绝对不要跌倒。就这么简单。很多事情是很容易的，但一定要靠自己，不能单纯靠医生，别人都是靠不住的。养生保健也要靠自己多加注意，光靠医生是不顶用的。千万记住，只有自己最可靠。

再来看看我们普通人的人生曲线。有些人的人生曲线是到后面就往下走（见图4），有些人的人生曲线则是到后面还依旧持续平缓发展（见图5），还有的人的人生曲线只画了一半，比如早逝了。所以大家有空的时候可以画一画自己的人生曲线，看看自己已经走过的曲线是怎样的，以及接下来要怎么继续走完，这就叫自我改造命运。这是用科学、实际的方法把你从以前到现在以及未来准备怎么走的情况，很清楚地展示出来，让你自己心中有数，也能指导你更好地走完接下来的人生旅程。

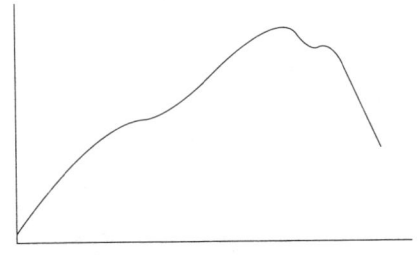

图 4 下滑的人生曲线

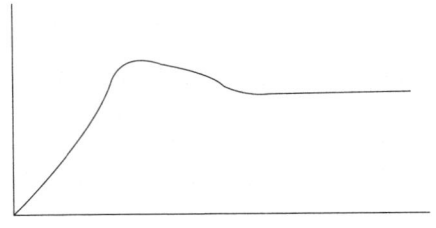

图 5 平缓的人生曲线

　　如果你会卜卦的话，也可以去卜一卜自己的本命卦，这样你就能大概知道自己这辈子是要干什么的。我不知道曾国藩有没有卜过自己的本命卦，但我知道他很懂《易经》，这一点可以从很多地方得到印证。他完全是把自己的命由蹇卦改成了恒卦，否则按蹇卦走下去，他的一生是会很惨的。当年曾国藩如果去卜了自己的本命卦，卜出来的会是乾卦和蹇卦这两个卦（见图6），曾国藩的本命卦是乾卦，然后变成了蹇卦。乾卦代表的是帝王，是君子，他也的确有皇帝命。可是后面变了，变成蹇卦，充满灾难、困窘，令他寸步难行，左右为难，辛苦异常。就是这一变，让他有十年差点活不下去，幸好他自己努力给自己转运。

　　这告诉我们，一个人是可以改变自己的命运的。但是千万记住：只能你自己改，别人改不了。心念的转变，行为的改变，完全是自己的行为，别人是帮不了你的。

人要改变自己的命运，其实也很简单。因为"相由心生"，相一变，命就会变了。所以最终要改的是什么？是你的心。心是什么？心就是观念。你只要观念正确，你的命整个就变了。这说起来是很简单的事情，但是观念要变，只能你自己主动变，别人谁有办法替你改变你的观念呢？相随心转，自改造命。乾卦到蹇卦是本命，蹇卦到恒卦就是造命。所以我刻意在这里用了一个"转"字（见图6），就是想告诉你，你自己要去转变，你活到现在，应该知道过去走的是什么卦。那你愿不愿顺着命运一直走？愿意，那就心甘情愿一直这样走下去，不要抱怨；不愿意，那就赶快改变，越早改越好。

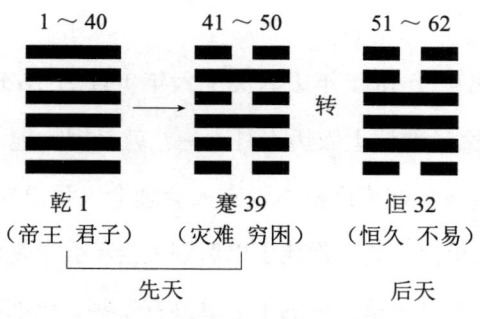

图6 曾国藩的人生三卦

曾国藩后来又转成了恒卦，恒卦是什么？恒久，不易。所以他能够善终，这就很不简单。如果只看他的八字，我相信，他是会不得善终的。一个人无缘无故把自己的名字改得听上去那么强硬干什么？（曾国藩把自己的本名"子城"改为"国藩"）那就是他自己在"转"。"国藩"就是为国藩篱，那别人听了这个名字，会不会提防他？当然会。所以连皇帝都怕他，皇帝觉得"你要为国藩篱，那我算什么呢？"可是那时候他才28岁，他又怎么知道改名字也会后患无穷呢？一个人千万要记住，一切都是自己造成的，这句话一定要放在脑海里。所有的事情都是你自己造成的，所有后果也只能由你自己去承担。

第二节
曾国藩把自己的命改了

曾国藩出生于1811年（嘉庆十六年）11月26日（农历十月十一），为什么还要注上农历十月十一？就是因为他了不起，如果他不出名，这些日期或许根本没有人会理会。我说这话的意思是，人活得有没有价值，要看你死了以后别人会不会重视你是哪年哪月生的，你的家乡是哪里，你的生平事迹有哪些。比如我们知道曾国藩是湖南湘乡人，他的乳名叫宽一，本名子城，字伯涵，号涤生，28岁的时候改名为国藩，死后谥文正，等等。

人活着固然重要，但不是最重要的；人死了，看起来没有什么，死后名声才是最重要的。中国人不争一时争千秋。现在很多人忙活一辈子，精疲力竭，看上去很热闹、很有贡献，但可能死后二十年之内就销声匿迹了，那基本就等于白忙活了。可是老子只写了五千余字的《道德经》，到现在还"活"着，我们对他依然有着浓厚的兴趣，这才叫作人生价值。口袋里有很多钱又怎么样，迟早会花光；身体很好又怎么样，最后还是会被装进棺材。

我们要留一些东西给后人。台湾街上的乞丐经常说的几句话里蕴藏着深刻的智慧："好心"，是说人要凭良心做事；"有度量"，是说人要能够宽恕别人的错误；"拿一些来分"，就是说人要愿意分享。所以不要以为乞丐没有学问，乞丐也是有学问的人。他用三句话就把所有道理都讲完了，他提醒你做事要凭良心，要舍得把东西拿出来与人分享。有时候，宝贝就在我们身边，只是我们没有发现罢了。

曾国藩不但把曾家的地位提高了，把湖南的地位提高了，把他"国藩"两个字的名望提高了，他还留给我们很多财富。这些财富当中最重要的是什么呢？就是——识人用人。识人用人是他最大的本领。用我们今天的话说，叫知人善任。所以为什么说"为官要学曾国藩"，因为他会看人，他会用人，而不是样样都是自己做。什么事都是自己做是不行的，你怎么可能什么都做得好呢？"无所不至管"，样样管，肯定管不完。现在能知人的人很少，会用人的人也不多，那人类到底是进步，还是退步了呢？这是值得我们去探讨的问题。

一、屡考不中：最妙的就是连考不中

曾国藩一开始走的是乾卦，乾卦的初九爻，爻辞是"潜龙勿用"（卦爻辞，即系于卦形符号下的文辞，其中卦辞每卦一则，总括全卦大意，爻辞每爻一则，分指各爻旨趣。）。很多人看到"潜龙勿用"就可能会笑说："哎呀，潜龙勿用，意思是有才能不表现，那不就跟没有才能一样吗？这根本就是废话。"像这种话，大家

013

以后少听为妙，因为说这种话的人根本就不懂。

"潜龙"，比喻人隐居不出，静处不动。遇此爻，不可有所作为。中国人说"潜"，其意思就是要用，如果你不用，那你连"潜"也不必了，你就没什么前途可言了。"勿用"不是不用，而是暂时不要用，但最后该用的时候一定要用。中国文字没有那么容易解释。现在都只按字面理解，"'潜龙勿用'，意思就是不要用，既然不要用，那你的才能用来干什么呢？"这听起来很有道理，实际却害人不浅。

曾国藩16岁以前，跟随他父亲曾麟书读书。曾麟书是谁？如果没有曾国藩，谁都不会在乎他是谁。曾国藩最了不起的地方就在这里。因为他，我们不得不对他的父亲也表示一点敬意，认为他会教孩子。这就叫"大孝尊亲"。一个人真正的大孝表现在，因为你，你们全家人乃至整个家族都出了名。但是出名有两种：一种是出好名，一种是出臭名，出臭名就糟糕了。现在社会上每天都不断涌现各种"红人"，他们也应该问问自己："我的名是好名还是坏名？"

曾国藩16岁的时候，参加长沙府童子试考了第七名。现在有些父母可能会说："你应该考第一名，怎么才考第七名？"可是曾国藩的父亲曾麟书不一样。曾国藩考了第七名，他反倒觉得这孩子还不错，就专门把曾国藩送到一位老师那里去好好学习。曾国藩20岁起在衡阳师从汪觉庵。曾麟书觉得这还不够，要让曾国藩接受更好的教育。于是，21岁时，曾国藩入湘乡涟滨书院。随后，23岁中秀才，24岁入岳麓书院，中举人。24岁中举人，已经很不错了，美中不足的是，名次都并不靠前。而最妙的是25

岁、26岁时考进士，都没有考中，名落孙山。

这样好不好？当然好，这是他一生最大的幸事。如果他一路顺利，依我看，曾国藩不可能成为他后来所成为的人。人一生太顺其实并不一定是好事情，因为大器往往是晚成的。曾国藩如果没有经过这些坎坷，很难有后来获得的那些成就。他一直到27岁，都是在"潜"。历史上有谁"潜"这么久的？有很多，其中最著名的是诸葛亮，诸葛亮整整潜了27年。他一直坚持："不适合我出来，我宁可不出来，我不是那种有官就要当，有事做就要做的人。不适合，我宁可藏起来。"只有这种人，等到他"下山"以后，才会有了不起的表现。

没有准备好就居高位，这种人是最可怜的。我们今天谁都知道"Are you ready"，这句话怎么翻译？现在普遍的译法是"你准备好了吗"，这就太肤浅了。什么叫"你准备好了吗？"是行李准备好了，还是其他准备好了没有？"Are you ready"是指"你心中有数吗"。你心里有数没有，有谱没有，没有的话，宁可不做，宁可不要。"人要舍得"，这句话谁都会说，但是一到关键时候，就都不知道了，糊涂了。有人问"Are you ready"，你马上回答"耶"。这样沉不住气肯定不行，甚至很有可能是去"赴死"。而安安静静的，不说话也不回答的人，才最可能有大才。大器是晚成的，你急什么？有什么好急的呢？慢慢来嘛。

二、结婚生子：该做的事绝不能拖拉

曾国藩在25岁、26岁这两年没有考中，是好事。为什么这么说呢？因为这样他就有工夫考虑养育子女的事了。

29岁，长子纪泽出生。他这时候不忙别的事情，而是抓紧生孩子，这有很重大的意义。老实讲，一个人在这个阶段不尽快把孩子的事情解决好，后半段再要做事情，就会很麻烦。如果早不生，等到临终的时候，可能就会很后悔。因为父母年纪太大，孩子年纪太小，这是人生的遗憾。我们后面会讲到，曾国藩死的时候，纪泽一直在旁边陪他。曾纪泽也为国家做了很多事情，为什么他也那么有出息？一个很重要的原因就是他父亲曾国藩常把他带在身边，边带边教。其实父母的责任就是这四个字，现在很多人却不这样做。有的父母说"不带他，他才会自主""不用教，他什么都会"，还有的甚至说"教也没用，他不听""现在的情况变了"。但这哪里是情况变的问题？每个时代都会变，不同时代的人当然不可能完全一样，但有一些根本的东西是不会变的。做父母的也必须"有所为有所不为"，如果完全"无为"，对孩子放任自流，那父母的责任、作用又体现在哪里呢？小孩子懂什么？你如果完全顺着他，他就可能整天打电动、玩游戏，那肯定不行，所以你必须要跟他讲清楚道理。

我孙女买手机的时候，我们就很清楚地告诉她："这部手机你只能用来做一件事，就是打电话给妈妈，不能用来做其他的。"于是她就不用手机了。你一定要给孩子交代清楚。你如果很爽快地说，"这很好玩，你拿去玩吧"，那结果就可能会很糟糕。"你不可以让任何人知道你有手机，你不可以让任何人知道你的电话号码，否则你会忙不过来的。但是你不能没有手机，为什么？因为你有时候需要跟妈妈联系，妈妈会担心你的安全。"这样跟她讲清楚就好了，这就叫"道"。

现在时代变了，应该想着怎么去有效地适应，采用什么方式才能让孩子更容易接受，这些才是现在父母应该考虑的问题，这才是为人父母应该持的态度，而非轻易就气馁或者放弃。

一个人该做的事情要尽快完成，不要拖拖拉拉。该结婚生子的时候，就要结婚生子。可是我们很多现代人在这点上很麻烦，二十几岁的时候说"还早"；三十几岁的时候说"怎么这么快"；四十岁的时候说"找谁啊"；最后到了五十岁，只能说"算了，一个人过日子"。这是自己耽误自己。该做什么事就要做什么事，不可以找理由骗自己，骗自己最后是害自己，害不了别人。而且你这样拖，有没有想过父母的感受呢？老实讲，今天的父母最后是两个字——寒心。"不要讲了，讲了也没用，随便他"，这是很令人难过的。其实这样就已经是不孝了，正所谓"不孝有三，无后为大"。

我没有别的长处，我唯一的一点长处就是，到了60岁还是很听爸爸的话。其实我会出来讲课，完全是因为我爸爸的一句话，"你就出去讲"。当时我心里还觉得好笑，心想"我讲给谁听啊？"那时候台湾根本没有谁出来讲课，可是我听话，因为我听话就有了现在的结果。老实讲，当时我已经是大学教授了，我对他说："爸爸你不懂现在的状况，这不可能。"但实际没有什么不可能。所以我爸爸最大的成就，就是他让我现在每次想到他的时候都会觉得，幸好当初听了他的话。

三、进翰林院：被冷冻时是什么反应

乾卦的九二爻，爻辞是"见龙在田，利见大人"。"见"，就是"现"，指出现。所以你完全不用着急，当你心中有数，上面的人也知道你值得信任，你不会惹麻烦，不会占了位置不做事，更不会上台容易下台难的时候，你就可以出现了。但是"见龙在田"，最要紧的是要"利见大人"。你要做官，朝中一定要有人。你想要表现，就有人会出来帮你的忙，这才叫"利见大人"。"利见大人"的先决条件是你自己要有大人的气象。你没有大人的气象，人家凭什么提拔你、拥戴你？他会觉得没有必要，就会袖手旁观。

曾国藩28岁中进士，算是比较晚的，但是也已经很了不起了。科举时代，读书出仕，这是理所当然的道路。"朝为田舍郎，暮登天子堂。"平民子弟唯有通过科举才能改变命运。"十年寒窗，一举成名。"这个门槛是很高的，他也顺利地跨过了。

但是他的仕途，也就是官运，却不是很亨通，他仅仅被授为翰林院庶吉士。可就是不亨通才好，亨通反倒不妙。因为仕途一旦亨通，就会像一下子升得很高的气球，最后往往也会很快就爆破了。他在翰林院一待就是九年，虽然也升过官，但都只是空有名号而没有实权。翰林院是什么地方？相当于秘书处，在那里唯一的好处就是能常常跟皇帝见面，仅此而已，其他什么都做不了。每个人都可以想一想，当你被"冷冻"的时候，你会是什么反应？你如果天天怨叹，天天羡慕别人，或者天天急于"上进"（这个"上

进"并不是真的"上进",只是拼命追求升官),那你就不会有大成就。

很多人一到翰林院,就开始钻门路,拉关系,等做官。有的进士被派到地方,很快就飞黄腾达了,但是往往也很快就出事了。曾国藩就待在翰林院,哪儿都不去。他待在那里干什么呢?他没干什么大事,可这样他反而没有事。最要紧的是他下了这样一个决心:从此不再为无谓的八股文浪费时间。八股文是为了应付考试的,其实没有多大用处。可很多人却不这样想,很多人认为"我好不容易考中进士了,我从此就要天天练这个,作八股文作一辈子"。这有什么用呢?没有用。我看过很多博士论文,这些论文写得很好,但是一点用处也没有。可现在的学术界就是这样。而且这还不算,很多人好不容易拿到了博士学位,该好好干一番事业了,他又想"不行,要再深造",还要继续写,就这样一直折腾到最后,人也老了,什么都没干出来。这是在开谁的玩笑?开自己的玩笑,大好的生命就这样浪费了。当然,纯粹的学术研究又另当别论了,但我们应该都清楚,如今的学术界中学者的著作、论文充斥,能真正称得上学者,真正算得上学术研究成果的,少之又少。

他集中精力追求一样东西——安身立命、经国济世。我为什么不用"经济"这两个字?因为我们现在一看到"经济",就会想到money。"经济"怎么会是money呢?"经济"是经国家、济世人,是治国、救世人,这跟money有什么关系呢?安身立命、经国济世,才是真学问。

因为在翰林院不能做什么事,时间很充裕,所以很多人就到处消遣，打发时间，浪费自己的青春，可是曾国藩没有。北京历来是人才荟萃之地，他趁此机会交了不少志同道合的朋友。这就提醒我们，当自己不得意的时候，应该赶快去结交一些好朋友，这样，将来得意的时候，才有人可以合作。当自己顺利的时候，出现在身边的人多半都是小人，而当自己落难的时候还肯跟自己在一起的，才更可能是君子。

四、一病再病：病时要有病时的做法

曾国藩在京十多年，"勤读史书，培养出以天下为己任的志气"。可是他30岁的时候生病了，至于怎么会得病，历史没有清楚记载，但不管怎样，重要的是有欧阳兆熊、吴廷栋这些人精心地护理他，他也因此交到了知心的朋友。所以一个人，当你生病或者遇到其他挫折困难的时候，你就会知道自己做人到底成不成功。如果你生病的时候，只有护士、医生在你旁边，那你就要检讨，"朋友跑哪里去了？亲戚怎么都不见了？"他因为生病才猛然意识到"原来我还有好朋友"，他也慢慢开始悟到：一个人认识多少人不重要，有没有三五好友，这才是人生中最重要的事情。

31岁的时候，他向当时的理学大师唐鉴请教治学之道。曾国藩其实是个不服输的人，他表面上恭恭敬敬地向唐鉴请教，可私底下有时也会觉得唐鉴没什么了不起。但是他在人前会表现得服服帖帖，其实这样就够了。我们不要要求别人在背后也不骂我们，这不是一种好心态。一个人如果让别人羡慕，让别人嫉妒，就要反省自己，因为一定是你有做得不对、做得不好的地方。但是我们往往只怪别人没度量，不懂得赞美人。可我们自己又是怎样做的呢？要欣赏别人的长处，我们自己做得到吗？自己做不到，却拼命诅咒别人，做人怎么能这样呢？一个人千万要记住，你有任何成就，都不要到处去彰显，不要引人嫉妒，不要引人羡慕，也不要以为自己有很多观众，自认为了不起，而要始终保持低调和谦虚。

曾国藩听了唐鉴的话以后，就开始致力于研究和践行程朱理学。程朱理学也有缺点，可是曾国藩只吸收它的长处。下面这些就是曾国藩从中挖掘出的可取之处，很多现在依然值得我们借鉴。

第一，早起。每天都要如此，无论如何都要坚持。早起就得早睡，这样身体才会好。现代人的生活完全没有规律，却又要求身体好，这怎么可能呢？

第二，静坐。现代人很麻烦的一点就是，能动不能静。无论是坐地铁，还是坐公交、坐飞机，你都会看到很多人听音乐，打游戏，玩手机、玩电脑，一刻也停不下来。虽然现在整个社会的生活节奏很快，非常强调时间观念，每个人的生活压力都很大，工作也都很忙碌，但时不时地要让自己静下来、停下来，这无论对我们的身还是心，都非常有好处。这样坚持一段时间之后，你会发现自己，以及自己的工作、生活都会发生或大或小的好的变化。

第三，读史。历史真的是需要很认真地去读、去体会的。读史绝不是读历史书，光读历史书有什么用呢？这点我们后面会具体说明。

第四，谨言慎行，而且还要养气。说话做事都要小心谨慎，既要三思而后行，也要三思而后言，因为人很容易受情绪控制，或者短时间内考虑事情很容易不周全，这样就容易犯错，而有时一句话、一个动作的影响都会是决定性的，甚至是毁灭性的。每个人其实都是靠一口气在支撑，因此这口气就必须要好好养。小孩子刚开始阳气都很足，慢慢地，随着他的长大，这股阳气就会越来越衰弱。整个社会也是一样，社会混乱，道德败坏，各种污浊、阴暗之气渐长，这就需要更多的光明、清净之气注入。而要达到这一目标，就需要我们每个人从自身做起，重拾对道德的信心。我们要发动所有人的力量，使整个社会一齐为之努力。

第五，保身。我提倡"明哲保身"，可能很多人会有异议。他们会认为"明哲保身，就是怕死，死算得了什么"。其实这种想法是有问题的，人本来就应该保身。老子说人最麻烦的就是有身体，表面上看，他好像很不喜欢身体，其实不是这样。老子实际上告诉我们，身体虽然麻烦，但是如果没有它，我们是活不了的，所以我们必须要好好爱惜自己的身体。

第六，书法。其实书法也是练气的。练书法绝对不仅仅是为了写字漂亮，它还有很多其他的作用。比如它能让你变得更有耐心，因此当你要发脾气的时候，就赶快去练书法，通常很快就会没有脾气了。

第七，夜不出门。这一点很多现代人都做不到。其实这方面我很羡慕美国。在美国，大部分人都是夜不出门的。这可能和很多人想象中的不一样，我们平时看到的一些有关美国的影视作品中，好像美国人的夜生活很丰富，每天都是灯红酒绿，夜夜笙歌。而实际上他们没有夜生活，只有少数地方才有夜生活。

通过学习，曾国藩慢慢有"大人相"，这个大人相是要靠自己培养的，然后他就改写了家族的历史。其实不管他后面做了什么，他能有"以天下为己任"这样的壮志，就已经很值得我们学习了。这里我再强调一遍，后面怎么样其实不重要，能不能实现、能不能成功是自然的结果。结果不是很重要，出发点，或者说动机才更重要。

有大人相，改写家族历史，这就是"见龙在田"。什么叫作"龙"？非常灵活，让别人没办法完全看清楚的才叫"龙"。现在很多人都喜欢标榜自己"绝对透明化"，这其实是很糟糕的事情。我只说一句话：当一切都透明的时候，你就没有办法做任何决定。因为才刚刚开始商量，还没有做定案，就闹得全天下人都知道了，人人都来指手画脚，那你还怎么做事呢？根本就没有办法做事。而且我也不相信透明化，很多东西完全公开、完全透明是很麻烦的。

曾国藩31岁的时候得唐鉴指点，"终日乾乾"。我在这里顺便说明一下，我为什么要采用多少岁干什么事这种形式，就是为了让你可以跟他进行对照。你想想自己31岁的时候是什么样，做了什么。如果你看了曾国藩的经历之后，心里告诉自己，"哦，还不会太晚"，这就对了。因为曾国藩就是慢慢地、一步一步才爬上去的，而且走得也并不容易。如果他很快、很顺利地就上去了，那你还学他干什么呢？他是天才，他家世好，他怎么怎么样，那你就完全不用学了，反正你也学不会。采用这种形式还有一个好处就是，你能很直接地学。比如你看到这里，就可以问自己："我31岁的时候有没有得到什么人指点，我有没有改变自己？"然后你就可以慢慢地调整自己，少走邪路，少走弯路。

乾卦的九三爻，其爻辞中就不再有"龙"了。初九爻有"龙"，即"潜龙"；九二爻有"龙"，即"见龙"。到了九三爻，哪怕你是龙，也会变得不像龙。因为这一关没有那么好过，你不表现则已，一表现所有打击就都来了，全都集中在你身上。所以为什么很多人会说"根本就没有人打击我"，那是因为他们没有表现。你只要一表现，所有打击就都会涌向你了。你不参加选拔，谁也不知道你做了什么坏事；你一参加选拔，你做的那些坏事就尽人皆知了。甚至连你自己都已经忘记了的，还会有人把它抖出来。这就是没事惹事，这些麻烦都是你自己惹的。所以每个人都要清楚一点：如果表现自己会怎么样。一个人要不要表现，自己要好好斟酌，因为表现的结果通常是很凄惨的。

"君子终日乾乾，夕惕若，厉无咎。""君子昼则勤勉，夜则警惕，虽处危境，亦无咎灾。"什么叫"君子"？《易经》每卦六爻中，第三爻与第四爻处在中间位置，象征正道和大道。君子就在三、四两爻，因为这是人位，而初爻、二爻象征地位，五爻、上爻象征天位。所以我们常用"不三不四"形容不正派的人或事，就是指其不在正道或大道上。

"乾乾"就是指勤勉努力，固守刚健正中。"刚健正中"这四个字非常重要。一个人的意志是不能被打倒的，不管前面的路多么艰难，多么辛苦，一旦决定要做，就要克服万难，不逃避，不退缩，但也不能死拼。"惕"，即警惕，"若"是语气助词，"惕若"，就是"惕然"，亦即警惕的样子。因为夜晚和白天一样危险，照理说夜晚应该很安全，但是实际上夜晚也是危险的。比如你在睡觉，别人还在写你的负面新闻，马上就要曝出来了，所以夜晚也要非常警惕。其实人也只有在夜晚的时候才会比较警惕,因为白天根本没有时间警惕,一直都要忙于各种琐碎的事情。"厉",指危。"咎",是灾的意思。为什么会"无咎"?你如果好好地去因应,认真采取措施应对它的话,你就会"无咎",会没有过失。但是你如果不好好地因应,你就一定会"有咎"。所以《易经》说"无咎"就是告诉你,本来是"有咎"的,但是你好好因应,就会"无咎"。

  人一定要未想赢,先想输,凡事都要先想自己会怎么输。多问自己"我输得起吗?"如果输得起再做,"再输也不过如此",所以为什么没有钱的人往往更敢冒险,就是因为他本来就什么都没有,他还怕什么呢?而有钱的人往往更不敢冒险。同样的道理,到底是有钱人比较怕死,还是没钱的人比较怕死?当然是有钱人怕死,没钱人怕什么?他还有什么好怕的呢?像这些问题,大家好好去想一想,其实道理都蕴含在《易经》里。

  36岁的时候,曾国藩又病了。一个人多病几次也是好事情,因为往往生病的时候,会领悟一些平时领悟不到的道理,会比以前、比别人更珍惜生命,更懂得爱护自己的身体,更珍惜人与人之间的感情,等等。我们一定要慢慢调整观念。身体好的时候,要有身体好时的做法,身体不好的时候,又要有身体不好时的做法。

  曾国藩在报国寺养病的过程中,才悟到"执两用中"的大道理,这对他的影响非常之大。"执两用中",是说做事要根据不同情况,采取适宜的办法,不能"过分",也不能"不及"。一般人都说中庸之道是不走极端,我不认为是这样。中庸之道不是指不走极端，而是说在衡量轻重之后，能够不走极端就尽量不走极端，但是一定要走极端的时候，就像孟子所说"虽千万人，吾往矣"，该冲的时候，还是要冲的。这当然不是蛮干，必须有一定的把握才可以，而且能守的时候还是得守。尽量做到有进有退，能进能退，有刚有柔，另外还要能刚能柔。人活着就是要有一定的弹性，能够随机应变，但绝对不是投机取巧。

五、整理家训：闲的时候就要找事做

37岁的时候，曾国藩升任内阁大学士，还是没有实权，但是这个大学士的名号很厉害。当时很多人看他是大学士，就前来拜他为师，这样他就得以广结人缘。所以，大学士的职位虽然没有实权，但它还是给曾国藩带来了好处，对他后来要走的路也有帮助。

第二年，次子纪鸿出生了。曾国藩知道这样闲下去，会越来越不知道要干什么。他心想"那干脆做点事吧"，于是就决定编辑曾氏家训，因为他知道，如果没有机会"治国"的话，最起码他可以把"齐家"做好。这就涉及我们后面会着重讲到的"早、扫、考、宝、书、蔬、鱼、猪"曾氏八字家训（详见第五章第五节）。

六、多次上疏：曾国藩也"愤青"过

39岁时曾国藩升礼部右侍郎，后兼任兵部右侍郎。这时候他想到孔子曾经说过，人到40岁，不能不做点正经事，不能不做点积极事。于是他就上了一个疏，名叫《应召陈言疏》。"疏"就是意见书。他直截了当地说当时的官场如何萎靡、如何因循守旧，

等等，他把这些弊端全都抖出来，把官吏的腐败无能也毫无保留地说出来。这样做，好不好呢？

我说一句很不敬的话："他这就是上了孔子的当。"孔子说："后生可畏，焉知来者之不如今也。"你怎么知道晚生不会超过你呢？但是"四十五十而无闻焉，斯亦不足畏也已！"意思就是，一个人到了四五十岁还没有很具体的表现、贡献，那他这辈子也就这样了，不会有什么大成就，自然也就不足为惧。曾国藩便想到自己快四十了，不能不表现一下了。那他是怎么表现的？表现的结果又怎样呢？

40岁的时候他直言："今日所当讲者，惟在用人一端耳！"这是不是在向朝廷发牢骚说"你们没有用我"呢？所以很明显他这是在给自己找麻烦。

41岁的时候，咸丰皇帝刚登基不久，曾国藩又上了一个《敬陈圣德三端预防流弊疏》。结果咸丰皇帝气得直接将它扔在地上，准备要杀他，"又在说，我椅子都还没坐热，你就又开始说，你也让我稍微坐稳一点再说"。我不反对一个人当英雄，但是你自己必须在心里好好盘算盘算，到底值不值得当这种英雄。整个中国历史上真正的谏臣实际上只有一个，那就是魏徵，只有他一个，再也没有别人了。我们都知道谏臣这条路是很难走的，但是社会上还是有很多人鼓励我们当魏徵。我从来不会鼓励一个人去当魏徵，我要你自己好好掂量掂量。魏徵其实"死"过很多次，大家不要以为唐太宗真的那么宽宏大量，他其实心里想的是"我看到你就火大"，有好几次甚至想要杀魏徵。

我当过老师，我知道成绩好的学生一般都是那种人——从不发表反对意见，哪怕安安静静地坐着打瞌睡，也不会给你难堪，你无论讲什么他都举双手赞成，这样的学生你不给他80分怎么对得起人家？他们虽然不完全值得我们学习，但还是能给我们一些启示。一个人要有意见，没什么不可以，但是你要先把自己的性命保住，才可以有意见。而且说话尽量委婉一点，缓和一点，不要直言，直言不一定会有好处的。

42岁的时候，曾国藩还不知自己是书呆子，再上《备陈民间疾苦疏》。这一次咸丰皇帝是真的要杀他了，但是有一个人救了他，这个人就是洪秀全。洪秀全起义之后，镇压起义便成为当务之急。我在这里说一句话，可能很多人不会赞成，"曾国藩最大的敌人是洪秀全，但他最可靠的靠山也是洪秀全"。没有洪秀全，他可能命都没有了；有了洪秀全，他就快没命了。这两句话看起来差不多，实则意味无穷。没有洪秀全，他就没有利用价值；有了洪秀全，他就只好自己去面对、去接受朝廷交给自己的剿匪重任，他不能叫苦，而且就算叫苦也没用。同样，咸丰皇帝的想法也是如此，"没有洪秀全，我不杀你才怪；有了洪秀全，那就要看洪秀全会不会把你杀掉"。这些道理如果你都想清楚了，后面的事情理解起来就会容易很多。

七、出任主帅：该出手时就得出手

任何一个卦，前面三个爻叫下卦，后面三个爻叫上卦，这当中有一个界限。有的人一辈子都在走下卦，他没有时间，也没有体力，更没有实力走到上卦去。

乾卦的九四爻，爻辞是"或跃在渊，无咎"。"或跃在渊"的意思是，你如果有实力，有丰富的阅历，那你就去跳跳看。你跳得过就是跃登龙门，跳不过就会掉到深坑。同时它也告诉你"无咎"，也就是说，你因应得宜的话，就不会出事。但是如果你不该跳，那就不要跳。很多人在基层做事，明明做得很愉快，为什么一定要去高层呢？在高层的日子并不是那么好过的，在高层并不一定就比在基层好。每个人都要记住四个字：适可而止。但曾国藩是不得已，因为每次有事情，都会把他"拱"得天翻地覆的，当时的形势、社会舆论都会把他推至风口浪尖，让他不得不出面。而一个有成就的人，往往也是备经挫折、备受考验的人，否则他不可能有大成就。

到前面的九三爻，就叫小成了。这个时候就心满意足，不再有所欲求，到底好不好？答案是要看是谁。每个人在心中都要衡量一下自己，到底能够做到什么地步，不要永远不知足。"当科长，我会非常心安理得，你如果叫我升官，那我只好敬谢不敏。我干吗自讨苦吃，把自己整得死去活来呢？没有必要嘛。我只要把自己的工作做好，完成自己的任务就够了。"

那么不满足于小成，想尽办法超越下卦，一心向上，到底对不对呢？也不能说不对。我的建议是，你可以试试看，但是不要说非怎样不可，这要随缘。所谓"随缘"，是说你先要试试看，不是说你自己连手都不伸出来，那肯定随不了缘，也随不到。很自然地往上走，这样可以；太勉强、太功利地向上走，就不可以。但是不管怎样，你自己心态一定要平衡。

而他既然名叫国藩，立志要"为国藩篱"，经国济世，所以就必须"跃"，必须努力拼搏向上，才能实现志向，创造一番事业。

那么，他"跃"的结果怎么样呢？变乾卦为蹇卦，接下来的一段路越走越艰难。

42岁的时候，曾国藩回乡奔母丧。我之所以特别讲这件事是想说，有时候父母爱护子女，会及时地走掉，就是为了给子女一个机会，让他可以回来好好冷静地想一想，"我已经陷入这个境地了，我逃也逃不了，那我就要考虑现在到底该怎么办"。这时候正赶上太平军出广西，攻长沙。太平军如果攻别的地方，也就跟曾国藩没关系。可是他们别的地方不攻，偏偏攻曾国藩的家乡，而他正好又因守母丧在家，这就叫作时机的巧合。所以对任何外界的变动，你都要想一想为什么会这样。而且凡是碰到内外的变动，你都要告诉自己，这是老天对你的考验，你是必须要面对的，你要想"没办法，老天要考验我，我跑也跑不掉，我只好面对它，我想办法来因应"，这样才能更好地加以应对。

湖南为什么到处办团练？因为太平军越来越壮大，而那时候清兵打仗是不行的，为什么清兵不行？要知道清兵本来是很厉害的，连明朝军队都打不过他们，怎么会变得不能打仗了呢？因为一旦天下太平，大家就都开始享乐，享乐的第一个结果就是军队不能打仗，所以地方只好办团练自保。如果清兵能够打仗，那么就轮不到地方去办团练了。谁要敢随便练兵，朝廷绝对会马上来干预，"你练什么兵，你想干什么？"那肯定就得吃不了兜着走。

恰恰在这时候，巡抚张亮基又给曾国藩写了一封很诚恳的信。所以时机如果到了，谁都挡不住。大家看他是怎么写的："亮基不才"，一个人最厉害的就是自认为不才，"我比较差劲，你比较厉害，所以换你去死"。"承乏贵乡"，我被派到你们这里来当巡抚，"实不堪此重任"，我担当不起。"大人乃三湘英才""国之栋梁，皇上倚重，百姓信赖"，高帽子一直戴。他一定是看《三国演义》看多了，所以这句话才讲得这么熟练。"亟望能移驾长沙，主办团练，肃匪盗而靖地方，安黎民而慰宸虑"，请你一定要来，与我共济时艰，以安定地方。我前面讲过，曾国藩的母亲死得正是时候，为什么？因为这样他就可以推辞，"我在守丧，我怎么能出来""岂有母死未葬，即办公事之理"。这就是"以退为进"。不知道大家有没有发现，中国人往往都是先说不要，然后才慢慢接受。曾国藩本来在家守丧，别人说要办团练，请他去主办，他如果马上就去，那肯定所有人都会怀疑他，"你是想干什么，你是想抓住机会是不是？你是想办法要当皇帝对不对？"那朝廷一定会先把他给杀了，以绝后患。

结果这时候唐鉴出来了。唐鉴以一生薄名做担保，向皇上竭力推荐曾国藩，然后又对曾国藩本人劝以"时势造英雄"，并引孟子"天将降大任于斯人也"，还说"贤弟素有以天下为己任之壮志，此为老夫所深知"。另外还有一个人叫郭嵩焘，其实郭嵩焘是个非常倒霉的人，但是那时候他还没有倒霉，他跟曾国藩还是好朋友。他也劝曾国藩出来："虽有智慧，不如趁势，今时机已到，气运已来，还犹豫什么呢？"意思是说曾国藩这时候就该出来，而且要当仁不让。

曾国藩终于成了湘军（湘勇）的主帅，他如果一开始就去，最多能当个副手，之后上面慢慢放权给他，"奏准移驻衡州练兵，建船厂，购洋炮，筹建水师"。因为当时太平军的势力越来越大，居然在南京定都，号称天京。"这还得了！"所有人都慢慢感觉到，随着太平军的不断发展，曾国藩的声势也一定会越来越强。所以说曾国藩最大的靠山就是洪秀全。一个人要会利用敌人，而不是跟敌人死拼，这正是曾国藩的高明之处。

我们来看看蹇卦（见图7），蹇卦上面是水，下面是山，叫水山蹇，就意味着"坎险在前"。什么叫作"水山"？就是山上面有水，现在叫作堰塞湖。堰塞湖很可怕，因为它随时可能被冲垮。可它同时也告诉你该如何应对：碰到这样的情况，你内心要有"知止之明"，明确自己所处的位置，做任何事情都要适可而止。曾国藩如果稍微膨胀一点，他就会没命。皇帝最乐意的就是他为自己平定太平军，而害怕的是他反过来打自己，所以只要曾国藩显露出一点造反的苗头，皇帝一定会立马除掉他。

我经常讲这个案例给大家作参考。当皇帝信任一个大将军，把50万大军交给他的时候，是百分之百相信他的。可是当这个大将军把50万大军带到城外去的时候，皇帝就开始怕他了，"只要他掉过头来，我就完了"。同样，当老板很信任你的时候，你是很受荣宠的，但是当你越来越得人心的时候，老板就会日夜不安了，他就非要把你除掉不可。那么，如何把握好这二者间的微妙关系以获得平衡？这就得看你的功力了。

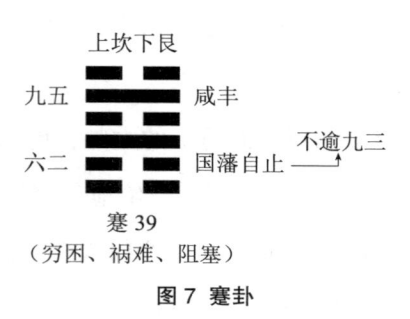

上坎下艮
九五　　　　咸丰
六二　　　　国藩自止 —→ 不逾九三
蹇39
（穷困、祸难、阻塞）

图7 蹇卦

"临危授命，既艰困又阻塞，稍不留意，即祸患无穷"，这叫蹇卦。有很多东西大家可以说是巧合，譬如蹇卦的卦辞是"利西南，不利东北；利见大人，贞吉"，这与曾国藩所面临的抉择正好相符。"利西南，不利东北"，就告诉曾国藩，他去打太平军是安全的，可他如果回头去打在北方的皇帝，他的处境会很危险。而且还要"利见大人"，就是朝廷一定要有人替他说好话，否则他很难渡过这一关。

因此他把自己的志向定为"为保皇而不为革命"，之后又定为"为中兴却不得意忘形"。很多人都因此批评他，这一点可以说也是他一生中最受争议的地方之一。太平军的将领被他抓到以后就对他说，"我们都是汉人，你干吗帮异族来打自己的汉人同胞？"而且还向他保证，"你只要跟我们一起，我们全都拥护你，也不让洪秀全当皇帝了，你当皇帝"。曾国藩有没有那个实力呢？他是有那个实力的。那他会不会心动？当然会心动。可是他如果不知道蹇卦的卦义，听从旁人怂恿的话，那他肯定就会很危险，甚至死无葬身之地。"九五"指咸丰皇帝，曾国藩是"六二"，"不逾九三"，"九三"就在"九五"和"六二"之间隔着，所以《易经》已经说得很清楚了，曾国藩绝不可行造反之事。

"险难当前，防掉入深渊。见险能止，蹇得精神。"这个"止"字，其实是我们做人必须秉持的一点。一定要懂得适可而止，做任何事情都不能过分。曾国藩如果真的豁出去了，跟皇帝对着干，他会不会成功？答案是没有把握，因为还有左宗棠在。客观地说，通常都会是左宗棠那种性格的人得天下。曾国藩自己折腾半天，最后别人当了皇帝，那他不就亏大了？如果事败，他自己的命就没了；如果事成，最后当皇帝的也可能是别人。这才是当时的真实状况，非常复杂，不是像我们常人所想的，"你有这个实力为什么不做？你应该为我们汉人争一口气才是"，事情不是这样简单的。

山上有水就说明，山势是很险峻的，而且又有横水阻塞其上，这象征什么呢？"险阻重重，寸步难行。"那该怎么办？《易经》告诉我们："君子以反身修德。"可以说曾国藩一生受这句话的启发非常之大。当你遇到挫折，遇到险阻时，唯一的办法就是冷静下来，想想自己有什么做得不对，做得不够的地方，以及该如何去调整。记住：只有修德，可以逢凶化吉，其他都是虚的，没有用的。"以艮止之德，面对坎险之灾。"务求"蹇不害己"，无论多艰难，也不能失德。所以曾国藩从这个时候起就告诉自己，每天都要读书。他真的没有一天不读书，打仗再怎么辛苦，再怎么凶险，他都坚持读书。

我相信他是看过蹇卦的初六爻的，其爻辞就是简单的四个字，"往蹇，来誉"。根据蹇卦的"利西南，不利东北"，刚开始会走得很艰难，但最终的结果会很好。所以他应该好好打定主意，只打太平军，而不要动脑筋想去打皇帝。其实中国所有的历史都告诉我们，只有北方人打得赢南方人，南方人很少打得过北方人。这是什么道理？太简单了，北方天气那么冷，南方人如果要去打北方人，不管带多少衣服都不够，整箱子都是衣服，保暖都有问题，还怎么打得好仗呢？而北方人打南方人，边打边脱，所以越打越轻松，最后自然就容易打赢。历史上都是这样,南方人到北方打仗，到了冬天，连粮食在哪里都不知道，因为粮食都被雪掩盖了，找不到吃的，天气又冷；北方人到南方打仗，南方到处都是吃的东西，所以他们不必带粮食，也不必带很多衣服，就会轻松很多。

八、兵败投水：曾国藩走投无路了

蹇卦的六二爻，爻辞是"王臣蹇蹇，匪躬之故"。咸丰皇帝日夜坐立不安，曾国藩也是艰难险苦，王臣（九五、六二）同处艰困。这不是他们个人的原因，而是当时的整体形势造成的。所以有时候我们不能怪某个人，说"你这皇帝怎么当的？"他心里会觉得好笑："你来当当看，你当得过我吗？"老实说有些事情真的是谁都没有办法的，这就叫"大势所趋"，不是人力所能扭转的。

曾国藩"以六二自居，尽力往济九五"，但是他不是为自身利益，而是为中兴大清，这一点是最重要的。一个人一出手，别人就会看他的动机是为公还是为私。你如果一出手，所有人都看出你是为私，那你就惨了，大家就都会来趁火打劫。所以每次动乱都会有人发财，这叫发国难财；每次世界经济不景气的时候也都有人发财，那些人就是抓住机会，自己狠狠捞一笔。但是你如果一出手，所有人都说你是为公的话，那么，就算你做错，别人也会认为你是对的。曾国藩就是牢牢抓住这一点，才会始终坚持"我就要这样做，你们爱怎么说怎么说，我管不了那么多"。

44岁的时候，曾国藩兵败靖港，投水自杀，最后获救。其实他获救是必然的，要不然他也不会投水。刘备也是这样，他就知道一定会有人救。如果一看周围没有人，曾国藩会跳才怪呢。我没有诋毁任何人，只是这才是人性。小孩子从脚踏车上摔下来，他会哭吗？不会，他会先看看边上有没有人，如果没有人，就自己爬起来又骑；一看妈妈在，就立马开始哭。人的天性如此，这叫聪明。曾国藩自杀过好多次，可见他当时真的是觉得自己无路可走了。

45岁时，"石达开攻湘军水营，烧毁战船百余艘，座船被俘，文卷俱失，欲策马以死"。他实在是决心要死了，因为走不下去了。大家想想看，清廷的军队都打不过太平军，那曾国藩草草训练出来的兵怎么能打得过呢？而且太平军的人那么多，他的人又那么少。可是他看了《三国演义》，他就知道他会打赢，因为《三国演义》里面这种以少胜多的事情太多了。所以我常常劝人看《三国演义》，如果不看实在是太可惜了，但是一定要从中看出道理来，不要一天到晚只会看热闹。现代人都喜欢看热闹，如果看不到门道，看不到其中的道理，那是没有用的。

他甚至还写遗书给皇帝："为臣力已竭，谨以身殉，恭具遗折，仰祈圣鉴事。臣于初二日，自带水师陆勇各五营，前经靖港剿贼巢，不料开战半时之久，便全军溃散……"他说自己实在没有办法，非死不可了。最后结果怎么样？左宗棠救了他。左宗棠一听曾国藩要自杀，就马上赶了过去。刚到曾家正好看到有人抬棺材进去，他吓了一跳，以为曾国藩真的已经死了，赶紧跑进去，结果却看到曾国藩正闭着眼睛躺在椅子上，他心想"原来你还活着"，当即毫不留情地破口大骂："好一个不忠不孝、不仁不义之人，大丈夫不做，效愚夫村妇。"骂得如此难听。曾国藩就问："为什么说我不忠不孝、不仁不义？"然后左宗棠每一条都讲得很具体、很实在，最后终于把他给唤醒了。

听了左宗棠的话之后，曾国藩顿时明白死不能解决问题，自己的问题在于恒心不足。"只有恒久，才能成事。"我之所以特别要讲这件事情也是想让大家知道，平常交朋友要交一个敢骂自己的人。如果左宗棠心存坏意，那么听到曾国藩要死，他应该感到高兴才是，"他要死，就让他死好了，他死了，我才有机会"。而同样难得的是，曾国藩也有足够的度量，老实说他其实很不喜欢左宗棠。凡是那种骂得别人没有面子的人，别人都不会喜欢。但是他还能多次跟左宗棠合作，这就是他了不起的地方。喜不喜欢是一回事，该不该和他相处又是另外一回事，这一定要分清楚。他如果不交左宗棠这个朋友，就会失去一个很好的提醒者和得力的帮手；但是交了这个朋友，他就经常要挨骂。因为左宗棠的脾气很坏，尤其他跟曾国藩的年龄相差无几，所以他更有资格骂曾国藩。

曾国藩46岁的时候，坐困南昌，幸亏太平军内讧。所以很多人说他很能打，其实不是这回事。他打仗，每打必败。有一次实在没有办法，就写了一封信求救，说"我自从领军以来，屡战屡败，情况很凄惨，请你赶快来救我"。旁边的人看了就说："你这封信给谁，谁都不会来。你屡战屡败，他还会来救你？"曾国藩说："难道让我说谎吗？这是事实，我骗不了人。"那人便说："你也不必说谎，你改一下就好了，改成'屡败屡战'，为什么要写'屡战屡败'呢？"中国文字厉害就厉害在这里，屡败屡战，屡战屡败，仅仅颠倒一下顺序，其意义就完全不同。别人一看到屡败屡战，就来；一看到屡战屡败，就都缩起来了。后来他就改了，果然就有人来救他了。其实很多事情，区别只在细微处，但结果就会"差之毫厘，谬以千里"。曾国藩虽然常常失败，但开始变得有恒心，能坚持，最后终于等到了局势的扭转。

九、回家反省：寻求安身立命之所

这时候，他父亲又去世了，他非得回家去守丧。这就又给了他一个反省的机会，他也因此得以走到蹇卦的九三爻。九三爻的爻辞是"往蹇，来反"。这句话的意思是说，你一直冲下去，会越来越困难，但是你这时候如果回家好好歇息，好好反省一下，然后再重新出发，这对你会是好事情。所以凡是碰到你意想不到的事情，你就要感谢老天，这其实是老天在帮你的忙，你要自己去慢慢感悟、慢慢体会。你心里如果想着一切都是好事，你就会真的好事连连；反之，如果天天抱怨自己怎么这么倒霉，你就真的会越来越倒霉。这叫什么？这叫心想事成。于是曾国藩就"回归老家，坚守静止之德，再思良策，以往济九五"，他还是要去救咸丰皇帝。

48岁时，胡林翼进兵。49岁时，李鸿章来襄助军务。其实李鸿章也是曾国藩不太喜欢的人，因为李鸿章的个性太猛，往前冲得太厉害，而且度量也不是很大，可是没有办法，他需要用人，所以管不了这么多。

50岁以后，曾国藩的胜算越来越大，慢慢转忧为喜。蹇卦的九三爻，小象（《象传》是对《易经》的解说，分为大象和小象，大象针对全卦，小象针对各爻）正好是"内喜之也"。所以《易经》

为什么会那么灵？当你心神不宁、手足无措的时候，你去翻它，翻到某一卦，你往往会越看越觉得对，而且感觉好像就是对你说的话。之所以会这样，其实很大程度上是因为它写得很含糊，写得不清不楚，所以很多情形都能与之相对应，科学的说法是它引发了我们内心的第六感。所以，庙里的签一出来，怎么解释都可以，它通常也只是让我们事后想起来会觉得很准，而绝不可能让我们事先就明白。

"命可改，唯有自己改。"这是曾国藩教给我们的最宝贵的道理。那么该用什么来改呢？用学习来改，但先决条件是要学对。我们现在很多人都在学错的东西，学那些实际上会害死自己的东西，这是非常不明智的。曾国藩自己写得很清楚："从军以来，怀临危授命志向，生病在家，常怕病死，违背初志，失信于世人。复出意志更坚定，全心全力，死了也无遗憾。"他还在49岁的时候，"与太平军生死决斗之际，将几千年来圣哲选33位，命纪泽挂于墙上，并作《圣哲画像记》，从此终生效法"。他就是这样一步一步下功夫，才慢慢找到自己的安身立命之所的。

十、决心改变：曾国藩一生的功课

曾国藩后来慢慢领悟到："士人读书，第一要有志，第二要有识，第三要有恒。"

一个人的本志是不可移的，而能不能持之以恒，才是成与不成的关键。曾国藩想要慢慢修到恒卦上去，他的书信里面就曾好几次提到恒，因为他知道按蹇卦走下去会很辛苦，最后结果会怎么样，真的很难想象。所以他才努力要改自己的命，并最终决心以恒卦来改变命运。他要始终坚持正道，持之以恒，然后尽人事听天命，自得其乐。

道光二十二年（1842年），曾国藩32岁的时候，他在日记上写了几句话，这几句话可以说是决定他一生的关键。他说："余病根在无恒，今日立条，明日仍散漫，无常规可循，将来莅众必不能信，做事必不成，戒之！"曾国藩发现自己的病根在于没有恒心。我们每个人看到这里，其实都应该好好反省。现在很多人也都是，今天对自己立了什么要求、规定，明天就全忘了，还是像以前一样散漫，还是旧病复发，改不了，这就是典型的"我知道，就是做不到"。

他说他自己没有常规可循，看到别人怎么做，自己就跟着怎么做，总是摇摆不定，总是变来变去，没有固定的准则。现代人把这叫作求新求变，前面我说过，求新求变其实是非常可怕的事情。一个人如果连原则都没有，又有什么资格谈"变"？那么将来再去面对群众，群众肯定也不会相信他，因为大家看他总是这样摇摆不定，就知道他多半说话不算数，那"我听你的，我不是傻瓜吗？"而且这样的人，做事情也一定不会有成果，为什么？因为他往往是虎头蛇尾，开始想得很好，但是很快就会灰心丧志，就放弃了，那怎么可能成事呢？所以一定要戒掉这个毛病。

这就告诉我们每一个人，什么时候发现自己的病根是没有恒心，就要开始改变自己。很多人都是前一天还咬牙说一定要怎样怎样做，可第二天就都忘光了，老毛病又出来了。人都有缺点，这没有关系，问题是你的缺点能不能改正，这才比较重要。

曾国藩这一天的日记可以说是他自我改造命运的一个转折

点。但即便发现了问题所在，而且也下定了决心，其关键仍然还在于他能否真正做到。

后来他又在给弟弟的一封信中说道："余生平坐无恒之弊，万事无成，德无成，业无成，深耻矣。"一个人要能勇敢地面对自己，找出自己的缺点。记住，你的缺点就是你这辈子的功课。"我怎么那么小气？"这就是你的功课，你是要继续小气下去，还是要从此变得大方一点？但是你也不能随意大方，随意大方也不对。你用这种方式慢慢调整自己，就可以逐渐改变你的命运，这其实是非常科学的一种做法。

"等到办理军事，志向才最终确定，中间本志变化，尤无恒之大者，用为内耻。"最后他得出结论：恒不是策略，而是信念。信念就是自己始终坚定不移地坚持的东西。"我从此一定要有恒、有恒、有恒"，这样你就可以慢慢走上恒卦。

我们现在来看看恒卦（见图8），它是《易经》的第32卦，其卦辞是"亨，无咎，利贞，利有攸往"。"人能有恒，则亨通而无咎，利在于正，亦利于有所往。""亨"，就是亨通的意思，"无咎"，是说你如果有恒，就会无咎，就会利贞。"利贞"，就是你一定要走正道，才会亨通，才会无咎，才会利有攸往。"利有攸往"就是利有所往，你不管到哪里去，事态发展都会对你有利，这样你才算亨通。光"亨"（顺利）还不够，还要"通"（无碍），只亨不通，你的处境也不会很好。

雷风恒
君子以立不易方

恒 32
亨，无咎，利贞，利有攸往。

图 8 恒卦

恒卦的整个卦象就是"雷风恒"，打雷的时候风比较持久，有风的时候雷就比较常见。台风来的时候，听到打雷我们就会很高兴，因为"一雷破九台"嘛。

任何事情都会有例外，一旦超越中间的度，它就会变成另外一个样子，不可能把所有事情、所有情形都涵盖在一个卦里面，这是做不到的。同样，任何道理也都有它的局限性，在它的安全系数范围内，你照那样去做没有错，但是一旦超出安全范围，情况就会变，结局就会是另外一番模样，这点你必须要考虑到。

"君子以立不易方"，立于其道而不改易。君子看到"雷风恒"就会想到，一定要坚定自己的志向，永远不要去改变。其实这并不是很容易的事情，因为我们常常会见异思迁，常常经不起诱惑，看到别人好，就想学别人，按照别人的路去走，因此总是改来改去。现在的年轻人刚进入社会，我是主张可以改来改去的。但是不能超过五年，五年以后就应该大概知道你这辈子要做什么，然后就要坚定不移地走下去。我也不赞成从小就立志，然后就坚定不移，万一这个志立错了怎么办？所以孔子说"三十而立"，到那个年纪你才比较有资格谈志向。15岁就讲，20岁就讲，太早，也太危险。比如，一个人15岁的时候就说"我这辈子要当钢琴家"，到了40岁才知道方向错了，那多半来不及了，所以立志也不要太早。

"世界上有两种人：一是无恒，一是误解了恒。"这都是引用的曾国藩的话，我不能把我的话直接放进来，那就变成我在说我的事情了，我还是讲曾国藩，只是要把他的话里面的道理抽离出来，这是我要做的工作。

见异思迁，求新求变，追求时尚就是无恒。喝酒的人会不会有固定的口味，就是喜欢某个牌子的酒？当然会，这叫习惯。可是现在你喜欢抽的烟，没过多长时间就没有了，厂家不生产了；你现在喜欢穿的衣服，很快也没有了，找不到了。所有的东西都变得太快了。现在很多中年妇女也穿那种比较暴露的衣服，我就问过一个人："你好意思吗？这么大年纪还穿得这么暴露。"她说："没有办法，现在都是这种衣服，我有什么办法？"她说的也确实是事实。

刚开始变是应该的，那叫调整。但是如果一直变，没有固定的原则标准，就表示你是不成熟的，也说明你根本没有确定方向。"误解了恒"是什么？比如安于常态、刚愎自用，或者死守规矩。其实现在也一样，很多人不是这种人就是那种人，容易走极端。任何事情都不要走极端，要在两端找平衡，那才是最佳状态。

曾国藩对"恒"这个字，花了很多时间，也下了很大功夫去体会、去参悟。他把"恒"当作什么呢？

第一，在忧患中成长。人没有忧患，是成长不了的。生于忧患，死于安乐，可是我们现在只一味追求安乐，这样还怎么经历练而坚强，经忧患而成长呢？

第二，持正道以开新。曾国藩并不排斥"新"，因为他后来也是主张我们要自强，要造洋炮，要学洋人的科技，他并没有封闭。

但是他也明确指出并反复强调，学了要为我们自己所用，要能自己独立制造，而不是总向别人购买。

第三，恒久中行善德。"恒"的目的是什么呢？"恒"就是要不断修德。

这三点是他自己悟到的，而这实际上就是在坚持恒卦的九二爻。九二爻说的是什么呢？"悔亡""能久中"，也就是说只要能长久地走合理的途径，最后你所有的后悔就都会消失。"恒"可以解决你很多问题，可以化解你很多苦难。你只要一变，又会有很多新的问题冒出来，你跑到别的地方，也会有很多新的挫折出现。

从蹇卦转到恒卦，就能"持盈保泰"。尤其是在一个人的鼎盛时期，更需要小心谨慎，以尽量避免灾祸，这样才能保住自己原来的地位和已成的事业。

十一、发挥余热：为国为民谋求福利

曾国藩51岁的时候，定三路进兵之策，曾国荃围攻金陵，左宗棠攻打浙江，李鸿章主攻江苏。52岁时力陈"中华之难中华当之，绝不能让洋人以助剿来蹂躏中国之土地"，这就是他又是自强派中很重要的一个人的原因。他反复说"我们不能老指望洋人来替我们解决问题，我们不能老羡慕洋人有洋枪洋炮，我们还是要学，但是我们不能忘本"。这点尤为关键，我们不能忘本，学了要为我们所用，而不是做他们的奴隶，做他们的奴才，为了赚一点钱而剥削我们同胞的血汗，这是绝对不可以的。我想这一点对我们现代人而言也是很有启发意义的。

中国第一台蒸汽机制成的时候，曾国藩说了这么一句话："窃喜洋人之智巧，我国亦能为之，彼不能傲我以其所不知。"意思是说，这样他们就不能骄傲，说他们比我们能干，因为他们能做的，我们也能做。

53岁时登上中国第一艘木壳小火轮，曾国藩非常高兴，于是就将它命名为"黄鹄号"。54岁时攻陷天京（今南京）。我在这里顺便说一句，他如果54岁的时候还不完成这个任务的话，就可能完成不了了。诸葛亮死于54岁，孙中山也差不多是这个年纪去世的。年纪轻的时候容易莽撞，年纪大了又往往太保守，而这时候正当有为。所以他就在这时候完成了他一生之中最重大的任务。

55岁时收养八百孤寒子弟，为什么？因为他知道，打仗就会死很多人，这是难免的，可是自己的罪孽还是很深。诸葛亮也是一样，火烧博望坡，火烧新野，烧死了很多人，他心里非常清楚，所以也做了一些功德来弥补。

56岁的时候，曾国藩连续两次请假，在营调理，专门停下来好好调整自己。57岁时扩大江南制造厂的规模，58岁时得以觐见慈禧太后和同治皇帝。当然他那时候能够觐见太后、皇帝也已经是莫大的荣耀了。

十二、裁军不辞官：功成身退得善终

曾国藩最后采取的方式是"裁军不辞官"，为什么不辞官？他可以上书清廷，"我的任务已经完成了，我要告老还乡"，可是他敢吗？他如果那样做的话，清廷就会认为他是在挑战自己了，

"好像我一定要给你实权,要让你做大官,你才过瘾,否则你就要回去号召所有人来打我是吗?"所以官也不是随随便便就能辞的,有时候请辞就等于在威胁上面的人,"我不干了,怎么样?"那上面多半会说:"怎么样,先杀掉你再说。"到那个时候,你就会追悔莫及了。

曾国藩保命的方法就是不辞官,但一定要裁军。太平军被消灭之后,湘军对于曾国藩本人,对于皇帝,都成了大包袱。曾国藩倘若与朝廷权贵结盟,对皇权就会构成很大威胁。有人甚至劝他自立为王,但是他很清醒,说这是坏人要他行非分之举。一般人可能就会受这些影响,心想"来啊,我怕谁,大不了一死",但是曾国藩没有。最终,军队都被他遣散了,其实这也是让他感到非常于心不忍的事情。大家想想看,湘军都是在自己最年轻的时候跟了他,把最宝贵的生命完全交给了他,结果他功成名就以后,就把他们一脚踢开,"你们都回家去"。但是曾国藩没有办法,他也是被形势所逼。这样做才救了他一命。不辞官、裁军,这两件事情只要有一件没做,他就死定了,因为那时候已经没有太平军了,清廷还留着湘军干什么呢?

59岁时曾国藩奏请以练兵、饬吏、治河为要务。他总是跟皇帝强调,"我在做实在的事情,我不求功名,我饬吏",他很巧妙地告诉皇帝,"你不用怕我"。

60岁的时候曾国藩肝病日重,右眼失明。过于操劳的人,往往易得肝病。61岁时,亲友在上海给他祝寿,因为他平常不太庆寿,所以我才特意写出这件事。62岁时书告所有兄弟,仕途是很险恶的,要他们一定要保重,"官途险,在官一日,即一日在风波之中,能妥帖登岸者实属不易"，能够很妥当地因应非常不容易，所以一定要好自为之。3月12日在午后散步的时候，突然间感觉到脚麻，就对儿子纪泽说："你扶我进去坐一坐。"他回到书房，端坐了差不多三刻钟，然后就走了。

　　这叫什么？叫好死，叫善终。"人死为大"，千万记住，一个人，不管他生前怎么样，他死了，就是完成他这一生的任务了，我觉得这是中华文化里面非常好的一点。不要再去议论他，我们对曾国藩都没有议论的资格。我们只是跟大家分享他一生的经历是怎样的，他自己有什么体会、感悟，其中哪些是值得我们学习的，这才是我们应该抱的态度。

‖ 第三节 ‖
曾国藩并不是天生圣人

　　我为什么要对照卦来讲曾国藩的一生呢？因为这样才表示我说的都是真实的东西，否则这些就都只是我随兴所至、任意编造的了。曾国藩的人生经历跟卦象、卦爻辞都很吻合，这表面上看起来非常奇怪、不可思议，但是实际情况经常就是这样，也就是说这种情况并不罕见，这也说明《易经》中的卦象、卦爻辞的准确度是非常高的。所以一个人，很多时候你要思考的关键问题是你下一步要怎么走，你要怎么变，这才是最重要的。过去的已经过去了，无论如何也改不了了，所以你不要后悔，后悔也没用，你要考虑的是将来怎样去改变自己。这才应该是我们看历史人物经历最大的收获。

曾国藩被封为武英殿大学士，位尊为相，但是没有实权。他虽然是汉人中职位最高的官，但是朝廷始终不放权给他。我想这也可以理解，因为清廷好不容易把皇室建立起来，它怎么会轻易把大权交给汉人，万一你造反怎么办？所以清廷对曾国藩一直很不放心，怕他的势力太大。当时朝廷宁可把湖北巡抚的位置给胡林翼，也不给他。而且打胜仗都是别人的功劳，打败仗则所有人都责怪他。这是他的真实处境。

"为国苦战，要权无权，要粮无粮，处处受排挤，处处受打击"，但是曾国藩没有怪别人。我们要学就学他常常自我反省，他说自己年轻的时候好名，又自认比他人高一等，多言，因而得罪了很多人，所以今天的处境是活该。事实也确实这样，他年轻的时候到哪里，就得罪人到哪里。

我为什么要说这句话？好像我在贬损他，其实不是这样。我是要给大家一个真相：一个人并不是天生就是好人的，都是慢慢改，然后才成为好人的。这样才有意思、有价值。曾国藩不是天生的圣人，他如果生来就那么"完美"，也就不值得我们专门来讲了。曾国藩年轻的时候脾气很坏、很急躁，也非常骄傲，总是骂这个骂那个，尤其喜欢骂有名的人，所以得罪了很多人。等到后来他需要那些人帮忙的时候，大家就开始算旧账了，"你以前怎么说我的，我现在还会帮你的忙吗？"

我们很多人有的毛病，曾国藩曾经也都有过，但关键是后来他自己都改了，这才厉害。一个人最了不起的不是说"我天赋异禀，我有什么好的遗传"，而是说"我不管怎样，我都要把自己变得越来越好"，这才是最大的修炼。他就很清楚自己的路之所以走得如此艰难，阻碍会如此之大，全都是自己年轻时候的行为所结下的果。

所以一个人碰到任何挫折，都要能反求诸己，想想自己有什么做得不对的、做得不好的地方，自己去改，不要总是把责任推给别人，总是怨别人。"对他人的不理解、不支持，或是嘲笑、侮辱，从不怨天尤人"，这是恒卦很了不起的地方。曾国藩自认"一生打脱牙之日多矣"，被人家打断了牙齿，就"和血吞"，他过这种日子过得太多了。"一生成功，全在受辱、受挫之时。"这也是最难修炼的一门功课，叫作受辱功。

被别人捧会很轻松，那种日子非常好过，但是人往往一被捧就被捧到云端了。什么叫"云端"？不实在的东西才叫云端，它往往很快就会飘走。所以受捧是靠不住的，只是暂时的，切不可得意忘形，因为很可能情形很快就完全变了。其实受辱、受挫正好是你快速成长的机会，你不要怪天，也不要怪别人，要赶快抓住这个难得的机会好好修炼自己，从中吸取经验教训，慢慢成长，慢慢走向成熟。

"凡事皆有极难之时，打得通、忍得住，便成豪杰。"所以他写了一本书，这本书就叫《挺经》。你挺不挺得住？挺不住就没办法了，老天给你这么多机会，你自己挺不住，那能怪谁呢？只有"挺住、撑住、熬住"，才能等到苦尽甘来之时。

第二章
一生经验尽在《挺经》

第一节
了解自己，了解他人

《挺经》可以说是曾国藩总结自身人生经验与成功心得的一部传世奇书，也是他修身处世、居官治民的最高法则。这本书很薄，只有一万多字而已，却很值得我们读。我们每个人都可以把它当作一面镜子，要经常问自己"挺不挺得住？"做人无论如何一定要挺得住。

"自知以修身。"每个人都要不断深入了解自己，不是只了解自己的优点，很多人热衷于到处宣扬自己的优点，其实完全没有必要；最要紧的是要了解自己的缺失，了解自己的不足，然后好好地去弥补、改正它。我们总是花太多时间在别人身上，其实我们真的应该好好爱惜自己，好好对待自己，每天最起码要留出一个小时给自己，用二十分钟来养生，二十分钟来调心，再用二十分钟来为自己找出一条出路。

"识人以用事。"一个人如果不了解自己，那就没办法了解别人。其实了解别人相对来说还比较容易，了解自己才尤其难。我们大部分人就是一辈子不了解自己，因此会感觉很痛心。而亲友若不了解自己，就会更加痛心，因为我们对他们最好，也希望他们能了解我们，可是往往事与愿违。每个人都有盲点，这些盲点就是我们自己看不清楚的点，我们什么时候把它们看清楚了，就能很快地调整过来了。我们这辈子来到这世上就是要调整自己身上的盲点的，这就叫"功课"。

第二节
人生处世十八心法

《挺经》总共分为十八卷，是曾国藩在他的一生为人处世中总结出的独门心法，也是他从自身的成败得失中建立的一套为人为官的基本原则与理论，具有很强的实用性、启迪性和借鉴性。

一、内圣：做最好的自己

第一卷，内圣。内圣就是把自己修炼好，不断地充实自己，提高自己的品德。我们再重复一遍这句话，因为它是曾国藩一生中非常重要的觉悟，"功名由天定，修德在自己"。我们所能做的事情很有限，求功名不一定能得到，想做什么并不一定就能做到，但是我们如果想要修己，想要使自己品德高尚，那我们马上就可以做到。人生只有这件事情是我们可以全面掌握的，其他的都不可能。

"慎独则心泰。""慎独者，遏欲不忽隐微，循理不间须臾，内省不疚，故心泰。"什么叫"慎独"？我们一般把"慎独"理解为单独一个人的时候要小心，要时刻注意自己的言行，其实不是这个意思。"慎独"就是好好做自己，走自己的路，不要求自己和别人一样。你干吗要跟别人一样呢？这个"独"是你特有的、独特的，是你跟别人不一样的地方，也是你这辈子最需要发挥的部分。我们这辈子来到这个世界上就是要做跟别人不一样的人。所以你用不着害怕。如果你的特色能做到让大家普遍欢迎，那就表示你是成功的。相反，如果你的特色总是和大家格格不入，那你自己就要好好去调整。

"主敬则身强。""主敬者，外而整齐严肃，内而专静纯一，斋庄不懈，故身强。"时常问问自己，"我对任何事情到底有没有用心？""敬"就是看重、看得起。时刻告诉自己，眼前这个人是最重要的，手上这件事情是最重要的，现在要说的话是最要紧的。不要一会儿这样，一会儿那样，那就表示你不经心，不经心就是不看重，不看重就是看不起别人。其实你看不起别人也就是看不起自己。"敬人者，人恒敬之"，你看得起别人，别人才会看得起你。用闽南话来讲，就叫"你看我普普，我看你雾雾"，中国人就是这种个性，"你看不起我，我干吗要看得起你？你对我不好，我为什么要对你好？"所以别人看不起你，最主要的原因就是你让他感觉到你看不起他。因此不要片面地去要求别人，或者抱怨别人没对你怎么样，你想要别人怎样对待你，你就要怎样对待别人。

"求仁则人悦。""求仁者，体则存心养性，用则民胞物与，大公无我，故人悦。"仁者不但自己注重修养心性、品德，对他人也心怀仁德与关爱，对人对事大公无私，所以自然受人喜爱。

中国人主要讲仁，不太讲爱，同样，中国人讲情，也不太讲爱，西方人则爱讲得比较多。爱是很肤浅的，情则是很内敛的。到底是情比较长久还是爱比较长久呢？爱往往一刹那就没有了，因为爱就像火花一样，"啪"的一下就没有了。情才会长久，情就是关心别人、看得起别人，并且对对方有期待，爱则更多的是从自我出发，"我感觉很好"，而不管对方感觉好还是不好，高兴还是不高兴。

"思诚则神钦。""思诚者，心则忠贞不贰，言则笃实不欺，至诚相感，故神钦。"你的心思想法很忠实诚恳，言语也实在可信，那么连神明都会觉得你这个人很可敬。老实说人是离不开神明的，我讲的神明跟一般人理解的不太一样。你如果自己看到或感觉到神明，心中忍不住惊叹"啊，神明"，神明就来了。真正的神明是你看它很神奇，它看你却很明白。我们看天，会觉得它很奇怪，因为它总是变来变去，而且往往只是一瞬间的工夫，变幻莫测，我们看不懂也看不明白，但是老天看我们却是清清楚楚的，我们无论做什么都骗不过老天。

"四者之功夫果至，则四者之效验自臻。"一个人的品德如果修炼得好，就一定会有好报。如果暂时还没有好报，那只能说明你还不够好，你还需要反求诸己，然后不断地精进。其实所有宗教归根结底都是在强调一句话："我们是可以超脱的。"因为原本事实就是如此。人首先要不断超越自己，然后才可能最终得以超脱。

二、励志：要有大器量大格局

第二卷，励志。"君子的立志，有为民众请命的器量，有内修圣人的德行，外建王者称霸天下的雄功，然后才不负父母生育自己，不愧为天地间一个完全的人。"今人往往很少有这样的度量与志气。如果有人问年轻人打算做什么，他们大部分可能会说"我打算赚很多钱"，或者说"我打算当很大的官"，总体透出来的气魄、格局都很小。为什么会这样？大家可以好好反思一下。不可否认有年轻一辈自己的原因，但问题更多是出在这个时代、社会，以及作为长辈的我们身上，时代的新形势、新问题，社会的新风气、新观念，家长的教育引导对年轻人的塑造与限制，其力量都是不可小觑的。

"以顽民难感化为忧，小人当道为忧，平民未受到照顾为忧。"曾国藩从来不为自己忧虑，这是不是说他的日子很好过？不见得。但他就是从来没有想过"我自己要怎么样"，从来没有。而现在的人差不多都缩小到只有自己存在，只有自己的事情最重要的格局了。"至于自己如意、困顿，世俗的荣辱得失，固不及忧及此也。"曾国藩说他忧国忧民都来不及，哪有工夫管自己是否如意是否艰难困苦，更别说别人对他的看法、批评了，他根本不在乎，也顾不上这些。

三、家范：学校没法代替家庭

第三卷，家范。家范就是家风、家教。现在，孩子一出现各种问题，我们通常都会把所有责任推给学校，这其实是不公平的。学校教育原本就没办法代替家庭教育，孩子的很多问题其实恰恰出在家庭教育的缺失上，尤其是孩子的性格、品德的塑造与培养方面。父母不可以说自己太忙了，所以没时间教孩子。现在社会上发生很多青少年犯罪，父母都将其归咎于孩子从小成长于单亲家庭，实际上这并不是理由，至少不应该作为主要理由。"当初要变成单亲家庭的时候，你为什么不想长远一点呢？"我们总是喜欢事后找借口。凡事都应该事先防范，不要等孩子出了事情，再来后悔，再来骂人，再来求别人原谅，这是不可以的，而且也来不及了。

家范，这个"范"也是跟《易经》的家人卦有关系的。家人卦的卦辞是"利女贞"。"家人之利在妇女之志行正。""男女正，天下之大义也。家人有严君焉，父母之谓也。父父，子子，兄兄，弟弟，夫夫，妇妇，而家道正。正家，而天下定矣。"所谓"国有国法，家有家规"，每个家庭都要有一定的规矩或者准则，以规范每个成员的言行举止，至少应该有不能逾越之底线。在此基础上每个人扮演好自己的角色，承担起自己该承担的责任，这样家庭才会和谐兴旺。

► 家训

前文讲过，曾家的家训就是八个字：考、宝、早、扫、书、蔬、鱼、猪。关于这八个字，我们在第五章第五节会具体讲述。

► 三不信

一不信地仙。什么叫地仙？就是那些怪力乱神，也就是整天只知胡说八道的人。社会上这种人有很多，我们一定要少招惹，只要一招惹，他们就都找上门来了。家里地仙一多，就会被搅得乌烟瘴气，这样的话，家还怎么兴旺得起来呢？最后肯定会苦不堪言，甚至家破人亡。

二不信医药。大家觉得现在的医药能信吗？我告诉大家，现代人遭受着三大迫害：第一，冷饮。我们发明很多冷饮，各式各样的都有，而且现在的人好像非得一杯冷饮在手，吃饭才有现代化的感觉，其实这样肠胃很容易坏掉。肠胃是靠自己后天保养的，所以说肠胃是后天之本。而喝冷饮就把这个"本"给破坏了。我孙子吃饭的时候我就会告诉他，所有冷饮统统拿开，不许喝，为什么？因为他必须要固本。一会儿吃热的，一会儿喝冷的，这样肠胃肯定会坏。肠胃一坏，就又造成一个结果，那就是让你生病。所以很多病其实都是现代社会的一些生活方式或习惯造成的。

第二，药物。现在经常会遇到这种情况：一个人生了病，医生告诉他，这是没有办法根治的，只能防堵，只能控制。这其实也就是在告诉他，他要吃药吃一辈子。我们这代人小的时候哪有医生跟自己说吃药要吃一辈子的？可是现在动不动就是要吃药吃一辈子。一年以后医生又告诉他，已经变成慢性病了，他一年必须要来四次复诊、拿药，一直坚持吃药，后面有句话医生没说，"吃到死为止"。大家想想可怕不可怕？

第三，治疗。让患了绝症的人都在医院里接受治疗，最后的结果往往是他们连自己是怎么死的都不知道。我这样说有没有过分？没有。但是现在很多人都没有这种感觉，好像大家都没有意识到这个问题，这是很糟糕的。当医生告诉你，如果怎样怎样，你就可以多活六个月的时候，他后面有一句话没有说，那就是其中有五个半月你都会在医院里,那你愿不愿意?你自己选择。但是真正到那个地步,谁都想活命,那就只能信医生,他怎么说你就得怎么做。这是当前我们现代人没有办法摆脱的一个困境。

三不信僧巫。我不是说宗教不好,我只是说很多人假借宗教的名义做坏事,那不是宗教的问题,与宗教无关,但是这种事实在太多了,尤其是在如今的商业化形势之下,大家看看现在寺庙里的情况就大概清楚了。当你开始相信它的时候,它就开始作怪,开始对你产生作用了,你就会慢慢陷入它编织的陷阱泥潭中难以自拔,所以千万不要信,不要给它任何机会。

▶ 败家之兆

怎样会败家?"礼仪全废者败,兄弟欺诈者败,妇女淫乱者败,子弟傲慢者败。"礼仪绝对不能丧失,但是过分讲究礼仪也一样会败。而且礼仪是不能训练的,现在很多地方专门请人做礼仪训练,这样训练出来的礼仪都不是真的,就变质了。最明显的一个表现就是训练出来的微笑都是假的。一家公司好不好,就看员工的笑容是很自然的,还是装出来的,你一看就知道了。看一个家庭也是一样,你就看这家的小孩看到客人是自然的喜悦还是假装出来的笑,假笑就像哭一样,很容易就能辨别出来。礼仪一定要是发自内心的。另外,兄弟、亲人间相互欺诈,妇女,当然也包括男性,淫乱堕落,儿孙傲慢骄矜、目中无人,也都会导致家庭的衰败与没落。

曾国藩还归纳出一句话:"士大夫之家往往比耕读农家败得更快。"这句话非常重要。我觉得我们每个人真的都应该把《挺经》

拿来当一面镜子，然后反观自己是否有问题，一旦发现有问题，就要赶快调整。这才是《挺经》对我们最大的价值，也是《挺经》最大的功劳。

四、明强：要有倔强刚强之气

第四卷，明强。智、仁、勇这"三达德"，想必大家都很熟悉。那么智、仁、勇是以什么为中心的呢？以仁为中心。三个汉字排在一起时，往往中间那个字最重要，而西方则通常是按排列顺序来判断重要程度。"智"要用来行"仁"，否则它就一点用处也没有，甚至还可能反过来害人。"勇"也只能用于行"仁"，否则就是暴力了。所以为什么说"当仁不让"，当仁才可以不让，如果不当仁，那就一定要让。"智"是什么？"智"就是"明"，但高明是天分，那么天分不高该怎么办呢？后天就必须要勤学。所以一个人多读书，并能读懂其中的道理，增长自己的智慧，这对自己一定是有帮助的。担当大事的人一定要明强，脑筋要清楚，要精明强干才行。

"凡事非气不举，非刚不济，即修身齐家，亦须以明强为本。"修养品德、养家教子也都要以明强为本。换句话说，如果气不足，就要补气，而气又是看不见的。所以我们要时时提醒自己，看得见的其实往往不是很重要，关键通常都在看不见的部分，可是我们经常会忽略看不见的部分。而当一件事情很显而易见的时候，往往就意味着它已经定了，也就没有太多改变和回旋的余地了。所以，父母看到孩子有不好的倾向的时候，就必须马上开始调整他，而不是等到他已经养成习惯再来苦口婆心地劝，或者诉诸暴力强逼他改正，那时候再要改就会非常困难了。因此为什么我们常常说"教小孩要打起十二分精神"，你必须时刻注意、时刻留心？因为你稍不留意，等他养成坏习惯，等他定型了以后，再要改变他，就会变得很难，你再想纠正，就怎么都纠不过来了。

"男儿自立，要有倔强之气，懦弱无刚是大耻。"这句话在曾国藩的言论中曾多次出现过。人绝对不可以刚愎自用，但是一定要倔强，其意是指该坚持的一定要坚持，能退让的一定要退让，大事情不可以轻易退让，小事情又不可以过分坚持，这样才妥当。

五、坚忍：善于忍耐，静待时机

第五卷，坚忍。什么叫作"忍"？"忍"就是心上一把刀。如果你想体会什么叫"忍"，你就想象自己心上放着一把刀的时候会是什么感觉。你如果觉得不至于或者没那么严重，那就表示你还没到那个地步，你所做的还算不上"忍"。我们总以为自己非常能忍耐，其实往往离真正的忍耐还差得很远。"人生就是坚忍与等待"，一定要经得起等待，有句古话叫"戏棚下站久的人"，你等得久了，等到前面的人都走光了，你自然就会得到机会了。

"忍受当前的痛苦与压抑，等待时机到来就会有所改变。"但是坚忍并非一味地忍耐，而是"善忍、会忍，当忍才忍"，我觉得这才是关键。当中国人告诉你要忍耐的时候，也就同时告诉你，不应该忍耐的时候，绝对不可以忍耐；当中国人告诉你要礼让的时候，一定也就告诉你，不应该礼让的时候，你就不可以礼让。每一句话都有它的配套，有正的一面就会有反的一面，这些都需要我们好好去体会、去领悟，才能真正地理解那些道理。

六、刚柔：该刚时刚，该柔时柔

第六卷，刚柔。"自立自强为刚，谦让为柔，二者互用，刚柔并济，才是大智慧"，否则如果只坚持一方面，最后结果就会不尽如人意。当然"刚"与"倔强"并非"刚愎自用"，但绝不可没有。"不惯早起，强之未明即起。不惯庄敬，强之祭祀斋戒。不惯劳苦，强之与士卒同甘苦，强之勤劳不倦。不惯有恒，强之贞恒。"就是说，刚毅之气，一定不能缺少。

但有时候我们也必须用"柔"的方法，以便适应当时的情况。什么叫作"儒家"？我们先来看看"儒"字是怎么写的，"儒"是"人"字旁，右边是一个需要的"需"字。"儒"可以这样来理解：人要想在社会上生存，就需要有一些柔术。"儒"可以理解为"柔"。一个人能屈就一定要能伸，能伸也一定要能屈，不能说"我只会伸"，也不能说"我只会屈"，这样都不行。很多人要么得意就忘形，要么委屈到最后，自己变得很自卑，这都是不能做到"能屈能伸"的表现。"我现在很委屈，但我知道我虽然现在委屈，可有一天我还是要伸张、要扬眉吐气的""我现在很得势、很顺风顺水，但我知道要适可而止，不能太过分"，只有这样想才对。

很多事情都是因为太过分造成的。别人给你机会，你如果懂得适可而止，下次他就会再给你机会；别人给你机会，你如果抓住机会拼命扩张自己的势力，那他会不会怕？他当然会怕，所以他很快就会把机会收回去，而且下次再有机会，肯定不会再给你了。所以做人做事千万不要得寸进尺，不要软土深掘、欺人太甚，差不多就好了。而且在任何时代，保持谦虚、礼让、勤劳、节俭，绝对没有错。这些无论如何一定要坚持，也只有这样，你才能真正做到自立自强。

七、英才：每个时期都有诸葛亮

第七卷，英才。"世不患无才，患用才者不能器使而适用也。"这句话非常重要。每一个时期都有诸葛亮，只是找不到刘备；每一个时期也都有千里马，只是找不到伯乐。因此我们要知道，随时随地都有才可用，只是我们没有识出他们，没有请教他们，不会善用他们，所以才造成他们好像不存在一样的情况。

"天下大局，万难挽回"，我们现在其实也有这种感觉，也面临这种状况，那么，情况已经这么糟了，我们该怎么办呢？我们不能放手不管，放手不管只会越来越糟糕。孙中山先生领导的辛亥革命，虽然最后也没有成功，但最起码跨进了一大步，后面才会有发展的余地，所以不管在什么情况下，不管外界情形如何恶劣不堪，我们都不能放弃为改变而奋斗的努力与勇气。

"力所能勉者，引用一班正人，培养几个好官，以为种子。""天下没有现成的人才，也没有生来就具有远见卓识的人，必须坚强磨炼，尽其所长。"所以曾国藩很"乐于网罗人才，礼遇人才，并且大胆使用"，后面这半句话最重要，"无非为公"，他是为公，而绝不是为私。用人才为公，办大事也为公，完全没有考虑自己的利益，这才是他难得的地方。现在有一些人自己找一班人，然后加以培养，以便将来做自己的班底，从而扩大自己集团的势力，这样算什么呢？所以跟曾国藩一比，大家会觉得我们现代人真的应该好好提升自己，否则的话，我们真的是愧对祖先。大家有没有想过，有的人死了以后为什么要拿一块布盖起来？就是因为他们为生前所做之事感觉自己没有颜面见祖先。我们什么时候可以很开放、很自然地去见祖先，什么时候就心安理得了。但不要等到快死的时候才开始想这件事，这就是为什么很多临终者都愁眉苦脸的原因。一定要事先做好准备，因为我们每个人迟早都是要去见祖先的。

八、廉矩：廉洁之风使国家兴盛

第八卷，廉矩。"廉洁之风使国家兴盛，腐败风气使国家衰亡。"一直到现在依然还是这样。贪污腐败是很可怕的，为什么？因为它会使很多人走歪路，而不走正道；它会使很多人不努力，而总想投机取巧，总是想尽办法送礼走后门，这样整个社会肯定就乱了。"贤者恒无以自存，不贤者志满气得。"大家想想我们现在的社会是不是经常会看到这种情形？这其实就是"反常"。

"舍礼无所谓道德，舍礼无所谓政事。"什么叫作"礼"？"礼"在这里相当于"道理"的"理"。社会如果没有道理，教育就不会有功效。这里顺便说一下，教育、教养、教化是不一样的。第一层是教养，首先要让他能活下来，要养育他；教育是第二层，要培养他的兴趣，让他明确自己的方向；最难的是第三层教化，因为教化就涉及社会风气的改变了。我们现在谈来谈去都只谈到教育，教化的工作却没有人做了，这是很可怕的事情。大家看看现在整个社会的风气，人们上电视什么都可以谈。在电视下成长起来的一代，总体道德缺失，导致今天的社会涌现出很多新的问题。为什么一定要到这个地步才开始谈这个问题呢？从一开始我们就应该注意。西方人可以实行分级制，有些东西不让孩子看到，可我们没有分级，大家不知道哪些东西不能看。

"崇俭约以养廉"，"养廉"是非常困难的。"欲学廉介，必先知足……毋贪保举，毋好虚誉，事事知足，人人守约，则气运可挽回矣。"这些话都是说起来容易做起来难。很多人当别人推荐自己的时候，即使半夜三更也要凑上去，别人只要提拔自己，就感谢得不得了，又怎么可能做到不贪保举、不好虚誉呢？我没有说中华民族不好，大家记住，民族性没有好坏，只有人才有好坏。民族性如果运用得好，就会很好，运用得不好，就会很糟糕。而且为什么老天要让各个民族有不一样的民族性？就是为了让我们能够互动，可以风水轮流转。如果都一样，那么人类很可能早就灭绝了。

九、勤敬：站在百姓立场看问题

第九卷，勤敬。"勤"是勤劳，"敬"是看重。"为治首务爱民"，"爱民"不是顺应民意，我们现在两岸都在谈要顺应民意，西方人也说老百姓最喜欢什么他自己最知道，真的是这样吗？我不相信，老百姓实际上大多都是糊里糊涂的,他怎么知道他要什么？不要假借这个名义行事。"爱民"应该是说"我站在你的立场，我替你考虑，我来照顾你，如果你有不懂的，我还要教训你，直到你懂为止"，这样才叫"爱民"。

"爱民必先察吏"，爱民的第一步就是看自己用的人对不对，看他有没有乱来。"察吏要在知人"，你怎么判断用他到底对不对呢？这就需要你自己首先要会看人，也能懂人、理解人。比方说，你邻居家有老人去世了，你二话不说，马上为老人捐棺材、办后事，这样对不对？如果他的子女有能力做这些事，那你为什么要剥夺他们行孝的机会呢？他们需要你帮忙，你当然可以帮，但是如果他们能做，你就得让他们自己做，你剥夺他们行孝的权力干什么呢？现在社会上有很多人做公益也需要注意，别人来捐钱，首先要看看人家这个钱是怎么赚的。别人辛苦得要命赚来的钱，你也好意思收吗？那你的良心在哪里呢？你就得告诉他："你养家最重要，你有这个心意就好了，我不会收你的钱的。"如果不考虑这些情况，整天只知道喊"大家都来捐，都来做好事，积功德"，这样就与你的初衷相背离了。

"知人必慎于听言"，要会听话。听一个人说几句话，我们就能知道他大概是个什么样的人。因为言为心声，他嘴里说的话，很多时候会把他心里的想法透露出来，而我们知道他的心，也就能知道他的命，就能知道他的一切。当然这个功夫也是需要我们自己慢慢去培养、去修炼的。现在我们总爱让别人说清楚，可是他如果都说清楚了，你的功力就用不上了，而且他也不可能讲清楚，因为他往往会有很多顾虑或者别的原因。

假设你问一个人他昨天下午三点钟在做什么，他如果立刻就告诉你他那时候在做什么，那接下来他就惨了，为什么？因为你马上会说："你明明还去干什么干什么了，你这一点没有说，是什么道理？你想隐瞒什么？"

那他不就完了吗？如果换成是我，我就不会像他那么老实、听话。你如果问我昨天下午三点钟在做什么，我就会表现得很轻松，因为我懂《易经》，这时候我的功夫就显出来了，"昨天下午三点钟我在干什么？我怎么一点印象都没有"。当然，这可能会让你很生气，但是你本来就没有权力问我，可我也不能直接说"这是我的隐私，我不能讲"。这才是中国功夫。现在很多年轻人就不懂，只知道说"你不要问，这是我的个人隐私"，别人听了肯定就会想，"你一定做了坏事，不然干吗强调什么隐私权？"

一个人如果会听话，就会知人；会知人，就会用人；用对人，事情就解决一大半了。"喜爱的人要能知其短处，厌恶的人要能知其长处。"我们现在完全不是这样。坏人就是什么都坏，好人就是什么都好，这怎么可能呢？每个人都会有自己的优点，也会有自己的缺点，也会有很多面，而不可能只是"单面"的。

"首先提高自己的观察能力，然后再去访察别人的言论。"这两点都要做到，否则就还是会很容易上当。容易上当的人，用闽南话讲，就叫"耳朵轻"。凡是听到什么话就相信的人，别人很难与他相处。怎么与他相处呢？他自己什么都不知道，所以才会一层层被蒙骗，那他最后的结局肯定会很惨。"古人修身治人之道，不外乎勤、大、谦。勤所以儆惰，谦所以儆傲，大即兼备。"勤劳才不会懒惰，谦虚就不会骄傲，而"大"就是"勤""谦"二者兼具，这三点合起来，就是古人修身治人的最大法门。

十、诡道：可多变，但不可耍诈

第十卷，诡道。《孙子兵法》里有句名言：兵者，诡道也。这里的"诡"不是诡诈，不是奸诈，也不是阴谋耍诈，而是多变的意思。行军作战只能多变化，而不能耍诈。一般人认为"诡"就是诈，其实不是，所以"兵不厌诈"这句话也是有问题的，应该是"兵不厌诡"才对。诡道是变化多端的，所以"出其不意，攻其不备"，让对方想象不到，让对方掌控不了，这都可以，但是要阴谋就不可以。以前打仗就是用什么方法出其不意都行，但就是不能偷袭对方，不能放冷箭。这些绝对不允许。

带兵时千万要记住，"恩情不如仁义，威严不如礼遇"。人是不能讨好的，施恩不如施之以仁义，这样别人会更记在心上。"对待士兵如自家子弟，不能怠惰侮辱"，为什么要动不动就摆架子呢？爱摆架子的人是不可能得到别人敬重的，也自然就难以服众。一个人，尤其是中国人，要学会用脸色暗示别人，但不可以用脸色威胁别人。摆架子是所有人都讨厌的，但是你要会用脸色暗示别人："我是尊重你的。我不方便说，我说了你会受不了，所以我只是脸色不好看而已，你要自己反省。"这是管人的一个非常好的方法。"无形中显出不可冒犯的气势，别人自然尊重"，也就自然而然能管好人。

"军中不宜有欢欣之象，有欢欣之象者，无论为悦或骄盈，终归于败。"以前如果要一个人当兵，都会告诉他，他当兵是移孝作忠，是为国家，他如果为国捐躯，那就是他的荣耀。可是美国人是怎么征兵的呢？他们的征兵广告画是一个美女，几乎没穿衣服，年轻人一看自然就会想："喔，当兵原来这么好呢。"于是很开心地就去了。可是大家想一下，这样的士兵组成的军队能打仗吗？我不相信，我也是当过兵的人。训练军人最好的办法就是叫他把石头搬到那边去，搬完再叫他搬回来，然后再搬过去，他如果问你"为什么？"你就告诉他"我怎么知道！"这看上去很没道理，但这才是真正的军队里的情形。也就是说，要让军人天天忙，忙到没有思想，就是要让他们养成习惯，遵守纪律，服从命令。军人的天职就是绝对服从，而且"用兵打仗，要有凄惨心理准备，不应有欢喜的妄想"，因为打仗不是儿戏，会死很多人，是非常残酷、惨烈的。

十一、久战：胜负关键在于士气

第十一卷，久战。战争往往要持久一点才能知道最终胜负，一开始赢的一方，最后却经常是输的一方。不知大家是否想过曾国藩为什么每次带兵出战都会输，而且《三国演义》中曹操带兵出战，也是输；孙权带兵出战，快没命了；刘备带兵出战，同样是惨败。为什么？老天是不会让这些人带兵出战胜利的。大家想想看，如果皇帝或者大将带兵打仗都胜，那以后下面的大将或者普通将领就都惨了，肯定一输就得斩，因为上面会说"我出去打仗都赢，你怎么输？"因此老天就让这些皇帝、大将带兵出去打仗都输得很惨，这样他们才会想"不是只有你会输，我也输过"，他们也就会刀下留情了。曾国藩自己带兵出去打输了，他才会爱护下面的将领，才会安抚广大士兵，他如果自己总打胜仗，那他下面的人就会很凄惨，"你们非赢不可"，可是天下哪有"只赢不输"的呢？

"久战之道，最忌势穷力竭。""力"指将士，"势"指大局。当大局混乱到不知道为何而战的时候，后果就会不堪设想。当兵必须要知道为何而战，这样"气"才不会竭。"宁可数月不开仗，不可开仗而毫无安排算计。夫战，勇气也，再而衰，三而竭。"所以士气是比武器还重要的，但现代人都认为武器最重要。装备好了就一定会打胜仗吗？其实不一定。胜负关键还是在于士气，"用兵无他巧妙，常存有余不尽之气而已"。

十二、廪实：奢侈只会败家亡国

第十二卷，廪实。"廪"就是仓库的意思，"廪实"就是仓库里的粮食要充实，要让老百姓有饭吃，民生才是根本。"由俭入奢易，由奢返简难。"我们现在要过好生活是很容易的，由吃得不好到吃得好的转变也很容易。我们这一代人是最有资格说这些话的，因为我们小时候没有一家是富有的。我们都买不起皮鞋，有木屐穿，自己就要偷笑了。我自己上山砍过柴，在家里每天早上也都是我生火，就趴在地上"呼、呼、呼"，一个劲儿地吹，可经常会遇到火就是烧不起来的情况。我那时候只会做一道菜，叫作高丽菜，因为高丽菜便宜，洗菜、切菜、炒菜，这些我全都做过。我还要自己到井里去提水。像这些事我都做过。我们那时候住的都是那种日本式的房子，脚稍微踩重一点，就会陷下去，因为下面就是一个洞。后来生活才慢慢好起来。

但是大家仔细想想，我们的生活到底有没有变得更好？没有。我们曾经以为当我们的教育很普及，孩子们都能上大学了的时候，这个社会就会进步，现在才知道不对；我们曾经以为当我们都有钱了，都不再为穷苦所困的时候，我们的社会就会很安宁，但是现在的情形似乎也没有好转。其实我很喜欢台湾南部，我常常发自内心地觉得，不容易赚到钱有时候反倒是好事，因为这样大家会比较平和，反正急也没有用，慢下来就好了，慢其实没什么不好。而当社会经济起飞，到"钱淹脚目"的时候，人们反倒没以前那么有礼貌了。

> 我就曾经受过出租车司机的气。我那时候在"交大"工作（指台湾"交通大学"），住在台北。有一次从"交大"回台北的时候，正好赶上大风雨，好不容易拦到一辆出租车，刚一上去，出租车司机就把车停到路边，回过头来对我说："我今天要好好敲你一次，一千块，行就行，不行下去。"我说："你这么狠？""最狠就这次。"他很坦白地告诉我。我能怎么样？当时那种情况下是坐还是不坐？大家再看看现在，现在经济不景气了，出租车司机反倒比谁都有礼貌。以前叫他们往前走，他们就很生气："往哪里走？"现在说往前走，他们就会说"是是是，往前走"，反正开车就有钱给。心态明显完全不一样了。

经济不景气的时候，所有人都有礼貌；经济一景气，反倒到处都受气。这非常有意思，大家要培养这种比较敏锐的感受力，然后去归纳出这些现象中蕴含的道理。其实我最喜欢的一句话就是"适可而止",我们一定要学会适可而止。比如现在有很多原本搞高科技的人,毅然放弃别人羡慕的高薪工作,自己跑到乡下经营一个小厂,但是他们很开心,这样有什么不好呢?

每个人都要在心里面衡量,把握好所有事情的度,找到最适合自己的状态。任何事都是有一利必有一弊,有一好必有一坏,自己要去找到那个平衡点。"由奢返俭难",因为那个过程往往会痛苦不堪。"不可贪爱奢华,不可惯习懒惰。骄奢倦怠,未有不败",一懒惰肯定就会失败,进而一事无成。孔子要我们坐好,不是为摆着好看的,它关乎你一生的幸福。大家有时间可以看看周围人的坐姿,你就能大概判断哪个人的什么地方不好。凡是跷二郎腿的时候习惯右腿在上的人,心肺通常都不好;而凡是习惯左腿在上的,肠胃往往都不好。你如果想要身体好,就规规矩矩地坐,后面一挺,气也就通了,坐得不正,麻烦就都来了。一切都完全看你自己,不要求别人。

"勤则兴旺发达,奢则败家亡国。"曾国藩讲的这些其实跟我们每个人都息息相关,为什么说"富不过三代"?"富不过三代"的真正用意其实是要告诉你,谁叫你一下子冲那么高呢?你达到小康状态就好,那样你们家就不会那么容易到第三代就衰败了。所以有钱要像没钱一样过日子,有势也不要仗势,这也就是为什么孔子总叫我们做老二,不要做老大的原因之一。可是如果你生下来就是老大怎么办?像我生下来就是老大,我有五个兄弟姐妹,那我是怎么做的呢?我就让二弟做老大,我跟他说:"你和弟弟妹妹年龄比较近,你带他们去玩。"这样我就会很轻松。当老大往往是很辛苦的,为什么非要争着当老大呢？像这些事都需要我们好好去体会、去琢磨，圣人的话都是没有错的，是我们看错了，悟不透，才导致自己最后做错，这是我近四十年最宝贵的经验。

十三、峻法：不以人情违背法令

第十三卷，峻法。曾国藩曾经有一个外号叫"曾剃头"，可谓恶名昭彰，这说明别人认为他这个人很凶狠。他自己则表示很冤枉："我是个读书人，我哪里愿意这样呢？可是没有办法，非要严刑峻法不可。""社会风气败坏，人人不安分，必须要严刑峻法。立法不难，行法为难。"

"凡立一法，总须确实行之。"可是做不做得到呢？那就要看所立之法如何了。老实讲，法永远赶不上时代的变化，其实最大的问题就在这里。法修订得过于频繁，而且又没有公信力，这是我们现在很难解决的问题，所以中国人更重合理，并不是很重视合法。合理，还可以随时变，合法就没那么随意能变了，相对而言就比较容易僵化。

"以精微之意，行吾威厉之事，期于死者无怨，生者知警。"峻法是要加以实施的，其目的在于警示众人，同时也期望受惩之人乃至死者不要有怨恨。"对待部属，用钱不能斤斤计较，有功不能争夺；话不说太多，感情不过密切，犯有过失，要严加惩治。"这就是曾国藩带兵为官所坚持的原则，不以人情违背规矩法令，不论是谁，有过失决不姑息，必定严加惩处。

十四、外王：自立自强令人敬畏

第十四卷，外王。"外王"的意思是你只修自己是没有用的，独善其身有什么用呢？你一定要让跟你在一起的人都能感觉到，他跟你在一起能受益，对他有好处，他很欢迎你，这才叫"外王"。

"令人敬畏，全在自立自强，不在装模作样。""敬畏"不是恐惧害怕，而是尊敬。千万不要装模作样，因为没必要，也没有用，一定要让别人发自内心地敬重你。"临难有不屈挠之节，临财有不沾染之廉，此威信也。"曾国藩谈的都是一些最根本的问题。如果看到财就心动，那就很危险。其实我年轻的时候也是毛毛躁躁的，脾气很坏，修养很差。我不敢说姓曾的大概都是这样，但是我所知道的姓曾的脾气都不太好，这倒是真的。可是我们有个长处是什么呢？我们会不断地反省自己，因为曾子给我们的教导就是"吾日三省吾身"，时常想"我怎么会弄成现在这样，我要怎么去改善？"这倒是让我们感到比较安慰的地方。我不断改、不断改，最后改到很多老同学再看到我之后都觉得很奇怪："你怎么会变成这样？"所以还是那句话，一个人最要紧的就是要花时间用心来改变自己。这才是你一生要做的不间断的功课。

我们要尽量多地给他人参考，但是不能强制别人。现在很多人动不动就谈说服力，我是一点都不赞成的。你干吗要去说服别人？你凭什么去说服别人？又有谁愿意被你说服？"说服"这两个字要从我们的脑海里彻底清除掉，我们没有资格去说服任何人，也很少有人真正愿意接受我们的说服，因为说服里面包含有强制性的东西，那它就一定是会反弹的。所以我不用"说服力"，也不主张用"影响力"，我喜欢用"参考力"。我做了，你可以参考一下，你觉得好，那是你的事，你觉得不好，也是你的事，都跟我无关。

人不要去改变别人，那太霸道了，也不要强力去主张什么，你没有那个资格。你该做的，你做了，别人有眼睛，他自己会看。他如果觉得"啊,这不错"，他再当作参考,然后做出他自己的一套，这样就够了，这才叫教化，就是教到对方都没有感觉到你在教他，你影响了他。反之，他成了你的跟班，那反倒不好。所以当有人说"多谢你教我"，你一定要说："哪里，是你自己悟到的，你不要把功劳加在我身上。"那他就会很轻松，也会更加感激你、尊敬你。如果你马上说："对啊，假如当时没有我告诉你，你能有今天吗？"那算什么呢？不要求功劳，不要求回报，只做好你应该做的事，这样才合乎《易经》。

曾国藩说西方的轮船速度快，洋炮能射很远，英国、法国认为这是他们独有的，而我们也的确都为之震撼，觉得这是很罕见的，那么我们应该怎么做才好呢？首先我们不能排斥，因为排斥没有用，对我们不会有好处。其次我们也不必羡慕，羡慕也没有用，局面不会因此而有任何改观。"若能陆续购买，据为己物，即为中外通用之物，可剿叛逆，可勤远略。"先买来，然后把它变成自己的，所以为什么中国人很会模仿，这是有传统的。曾国藩非常了解我们的民族性。我们向外国人买机器往往只买一部，外国人会说："买一部就够了？"我们心里想的却是：回来就变成三部了。永远依赖别人算什么呢？我们必须独立发展出属于我们自己的东西。

我深感如今我们最重要的事就是要把科学中文化，否则我们永远不会深耕，永远只会依赖别人。老实讲我其实非常担心，现在一切都是以西方为主导，我们永远跟在后面被人家甩来甩去，永远看人家脸色行事，这是非常糟糕的。但如果我们一下子就跟他们翻脸，也会对我们不利。我们还是要向他们学习，可是学了以后一定要想办法变成我们自己的，也就是要在此基础上超越他们，结合我们的特点、优势，发展出我们自己的一套东西来，但是这件事我们始终还没有做或者远没有做成。

十五、忠疑：只需做好该做的事

第十五卷，忠疑。"忠"就是一心一意，"疑"就是疑神疑鬼。这两点都是你要拷问自己的，"你对人是忠还是疑？""仰不愧于天，俯不怍于人，即君子之道。"我应该做的，我会破除万难，无论如何都一定要做。所以卜卦结果不论好坏，都只是用来作为参考的。很多人就不明白这一点。你想要投资，自己先去卜了个卦，卦象显示投资不好，你就不投了，这就叫投机取巧。你要投资，去卜卦只是为了知道困难在哪里，它告诉你会打官司，你就回去反思，有哪些可能会打官司的事情，你事先去防备，但投资这件事你依然还是会做，这样才是正确的态度与做法，你不能完全凭占卜的结果决定自己的选择，这才是真正懂《易经》的表现。

"应当尽力的，百倍努力以求其成，对于听天由命的事，以淡泊为原则，就差不多接近大道了。"其实这就是我们常说的那句话："尽人事，听天命。"你该做的，不顾一切去做，至于结果怎么样，碰到好人还是坏人，那都不是你的事。这才是真正对自己忠诚的人该持有的态度。

"喜欢别人，教化别人，礼遇别人，是性。别人的反应并不很好，叫命。"我对你好，是我的本性；你对我好不好，那是我的命。我碰到这种人，我也认了，不管怎样我们一定还是有很多缘，不然不会让我们碰到一起，这样想就对了。我该做的我去做，这是尽我的性，结果怎么样，那是我的命，但是也要知道"尽性容易，知命实在很难"，自己心里要非常清楚这一点，要有足够的心理准备。

十六、荷道：少作误人害己之文

第十六卷，荷道。"荷"就是负荷。"文章之道，以气象光明俊伟为最难而可贵。"这句话很重要，尤其是对于我们当今社会。现在的电视台为了收视率搞得一塌糊涂，盲目竞争，甚至不惜采用低俗手段。我有很多朋友从国外回来都跟我说："中国台湾是世界上最开放的地方，在美国都不能这样胡说八道，它会有个分寸，有个基本尺度，中国台湾真是进步。"我听了之后哀不出声，这种"进步"有什么用呢？我们真的要小心，现在不该上电视的让他上电视，不该播的天天播，这就叫洗脑，这对年轻人而言尤其可怕，他们受的毒害往往也最深。那么，这是谁的罪过？这是电视媒体应该负的责任，媒体当然也知道这样不对，但这样能博取收视率，所以就不管不顾了。比方说一个人很会打球，作为媒体，你就说他会打球就好了，你干吗要说他现在有4亿元资产？而且今天他有4亿元资产，明天他有10亿元资产，这样没完没了地报，何时才能是尽头？人如果没有人格只有位格，那就只剩"我值多少钱"的问题了，那人还算什么呢？这是现代人的一个非常奇怪的价值观。但是没有办法，只要收视率存在一天，我们的电视节目就不可能真正提高水准。

"怪力乱神，无病呻吟。误人害己的文章，浪费资源而已。"这些问题，曾国藩早就都讲得很清楚了。我们现在的书，百分之八十的内容最后都删掉了，最后自己想送人都会不好意思送。之所以会这样，原因有很多，有外在的一些客观原因，但最重要的一个原因还是很多人所写的书本身价值意义就不大。"掌握大道特多的人，文章醇厚深沉；掌握大道较多的人，文章内容浅白易懂；掌握大道少的人，文章杂乱浮泛；掌握大道最少的人，文章更加杂乱虚浮。次第等差。"这些不同的水准，曾国藩都已经一层一层地分得很清楚了。所以父母也一定要替孩子把好关，他们现在玩的都是"杀、杀、杀"这类的游戏，在游戏里面见一个杀一个，将来容易养成暴力倾向，那到时候你能怪谁呢？都是你从小没有教育好的原因。我们家就没有人玩电动游戏，我向大家保证，我们做到了。我的孙子在美国长大，在美国读书，可是我们对他也是一样的要求。"不可以这样就是不可以这样，不管你是谁"，这才叫家长。很多人会说"不行不行，现在时势不一样了"，什么时势不一样？我不相信。父母千万要记住，有所为，有所不为，才是真正的爱孩子。

十七、藏锋：锋芒太露最易树敌

第十七卷，藏锋。现在年轻人完全不懂什么叫"藏锋"。"藏锋"就是说你有能力，也要隐藏起来，你很锐利，也要隐藏起来，你不要和别人针锋相对，不要锋芒太露。"年轻好露锋芒，难免树敌而不自知。"这完全是曾国藩自己的亲身经验，他年轻的时候就是锋芒毕露，因而得罪了很多人。"做人应韬光养晦，不过分显露才华,古来有道之士,其淡雅和润,无不达于面貌,诚中形外。""诚于中,形于外",表里一致,温文尔雅,这才是做人的道理。总是喜欢张扬自己,总是一副"我最厉害"的样子,说话毫不保留,这些都是不好的现象。

"君子寂静藏锋,应该装糊涂就装糊涂,不自作聪明,才不易招人陷害。暂时成功,慎防掘了坟墓。"老天给你小小的成功,同时也往往是在暗示你后面会有一个大窟窿等着你掉进去,你一定要特别小心。人必须要有预先防范的能力,不要总是等到事情发生之后才"哀爸叫母",最后凄凄惨惨,没有人会同情你。

十八、盈虚:水满则溢,人满则败

第十八卷,盈虚。"月满则亏,水满则溢,人满则败。"一般到了一个月的十五,你就知道月亮从这个月的十六开始就会缺了。当水满了的时候,就自然会溢出来。同样,当一个人开始自满,就必然会走向失败。因为"满招损"是必然的,谁也摆脱不了。"学观《易》之道,察盈虚消息之理,而知人不可无缺陷也。"每个人都有缺陷,世上本来就没有完美的人,也没有完美的事。所以曾国藩有一句话说得非常好,叫作"花未全开月未圆,最美"。花还没有全开的时候是最美的,花一盛开就马上要凋谢;月亮没有完全圆的时候是最好的,这时候你才会有期待,"明天还会更圆",月亮一旦全圆,第二天就会开始缺了。所以人偶尔留下一些遗憾,也同样是值得庆幸的事情。人有缺陷,事有遗憾,才是最好的状态。

《易经》里面有剥卦和复卦,夬卦与姤卦(见图9)。我这里顺便说一句，有了《易经》以后，人类是不会毁灭的，所以我们办的是人类自救协会（作者为人类自救协会理事长），而不是人类毁灭协会，人类如果轻易会毁灭，那就用不着做这些事情了，只需要乖乖等死就好了。"剥极必反"，阴爻一直不断往上走，而阳爻最后就会转到最底下，由"一阳在上"变为"一阳在下"，这叫"一阳来复"。夬卦到姤卦则是由"一阴在上"变为"一阴在下"，所以说"剥也者，复之机也""夬也者，姤之渐也"。正所谓"剥极而复""阳极必衰，阴极必反"，世事皆如此，这是不可抗拒的自然规律。因此只要种子在，就不必担心没有未来。那么为什么会从最上面跑到最底下呢？剥卦到复卦、夬卦到姤卦都是这样。因为种子有一个天生的习惯，那就是看到泥土就会往土外钻，这应该说是种子的天性。我们现在最大的问题是连种子都吃掉、毁掉，那就等于使所有希望都破灭，那当然就会非常危险。因此我们一定要非常珍惜种子，好好留下一些好的种子，这样才会有希望，也才会迎来新的辉煌。

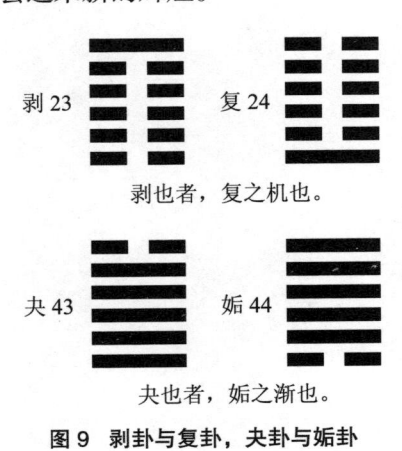

剥 23　　复 24

剥也者，复之机也。

夬 43　　姤 44

夬也者，姤之渐也。

图9　剥卦与复卦，夬卦与姤卦

第三章
中国识人第一书《冰鉴》

第一节

《冰鉴》七篇

在讲曾国藩怎么看人之前，我要先说清楚一点，所谓"以貌取人，失之子羽"，所以以貌取人，经常是看不准的。为什么看不准？因为人的相貌随时在变，就好像我们的手纹随时在变一样，但是很多人并不知道自己的手纹也会变。同样，我们的脸型也随时在变。有人可能会说"没有啊，我的从来没有变"。怎么可能没有变呢？如果没有变，那多半就表示你没有长进，因为你的心没有动，你的脑子没有思考，你的脸当然也就不会变。所谓相随心转，心一变，相貌也就自然跟着变了。所以不要随便相信相貌决定命运的话。

一个人要想改变自己的命运，唯一的办法就是改变自己的心，改变自己的观念，除此之外，没有其他办法。孔子就要求我们看人要"视其所以，观其所由，察其所安"。"视其所以"是看他的动机，"观其所由"是看他做事的方法，而"察其所安"则是看他个人的识度。视、观、察这三个字就代表三个层次，而且一个比一个深。要看清一个人的动机已经很难了，而你还要看他的方法是否正确。有很多人的动机是对的，但是做的方法是错的，所以最后还是没有达到想要的效果。除此之外，你还要看他的识度够不够。也就是说，看人要看三层，这样一层一层地深入看进去，你才能看得更清楚。

一般人都认为曾国藩有两本著作，一本是《挺经》，另一本叫作《冰鉴》。我不认为《冰鉴》是曾国藩写的，为什么？因为他没有理由写这种书，这不是曾国藩应该做的事情。我说这话是否有证据？当然有证据。《冰鉴》里面有这样一段话："余家，有冰鉴七篇，不着撰人姓名。宛似一子，世无刻本，恐其湮没也。"只有一个刻本，因而怕它被淹没。而曾国藩恰好有会看人的盛名，所以才假借曾国藩的名义。

　　中国人写书历来是写给懂的人看的，而不是写给不懂的人看的。比如很多关于武术的书，你如果会武术，你就能看懂，你看了之后心里会想"哦，原来是在讲这个"；你如果不会武术，你看半天也不会明白，而且还可能反受其害。《冰鉴》无论是谁写的，都有很高的参考价值，只不过它主要是用来看文人的，如果用它来看一般大众，则是不太适用的。对于不同类型的人，看人的方法也不一样，比如你不能用看将军的方法去看一个宰相，那肯定是看不准的。我们只能把《冰鉴》当作一种参考，目的是修炼我们的内心，因为相由心生。

　　"以冰为鉴，能察人相。"具体应该如何"察"，《冰鉴》分七篇进行了详细说明。

一、神骨：看正邪看骨气

　　第一篇叫神骨。"神"就是指眼睛，"骨"不是指骨骼，而是指头骨。头骨一共由九块骨构成，具体包括天庭骨、枕骨、顶骨、佐串骨、太阳骨、眉骨、鼻骨、颧骨和项骨。其中佐串骨，也就是我们俗称的鬓骨。人们常说"面相长得好，不如头型长得好"，那一个人的头要怎么样才算好呢？大而圆才好。头如果很圆，但是不大，那没有用；而头如果很大，但是不圆，那也很糟糕。一定要又大又圆。看人首先要看他的骨。第一，看额头处的天庭骨。第二，看后脑勺部分的枕骨。头顶上的叫顶骨，脖子处的叫项骨，项骨要有点肉才好。太阳穴处的是太阳骨，鬓边的叫鬓骨。很多和尚头很圆很大，但是没有鬓骨。还有眉骨，眉骨凸出来的人往往给人高傲的感觉，眉骨陷进去的人则往往给人阴险的感觉，所以还是差不多最好。两边脸颊处的叫颧骨，人们普遍认为，女人颧骨高的往往会克夫，尤其是颧骨高得能把眼睛都遮住的。我再强调一遍，这些都是可以用自己的心来改变的，不能完全相信。

所以中国人的话不可不信，也不可全信，信到差不多就好了。因为这些东西必须综合其他因素一起来看，而不能只看某一方面。单看某一方面，通常会看不准，也看不全。现代人往往容易两极化，要么完全不信，完全不信就会自己倒霉；要么完全信，最后也是自己倒霉，因为你看得不准，就不能正确因应，最后的结果肯定会不尽如人意。信又不全信，这才叫"中庸之道"。

看人要先粗略地看，然后近看，最后还要细看，这样才会比较准。比如我认识一个人，我甚至能看出他每次笑的时候其实心里面都在哭。真正会看人的人是读对方的心。一个人就算相貌再好，只要他的心很狠毒，那他这个人就会让人不敢靠近。相反，有的人相貌不太好，但是心地很好，为人很正直，就会有人愿意亲近他。根据我的经验，鹰钩鼻子通常是不太好的，嘴巴长得像小鸟的嘴的也不好，那种人往往只能共患难，一成功他就很可能要杀你了。范蠡最后为什么就是不肯继续跟着勾践，很有可能就是他看到勾践的嘴长得像小鸟的嘴，大致猜到勾践的为人，所以灭掉吴国之后，他就赶紧走了。

相貌是一种指标，但是它也会变，如何变？通过你的心来变、来调整。所以真正会看人的人，会先看这个人的心，然后再摸其骨，而且是摸能摸着又看得见的部分。中国人尤其看重骨。人要有傲骨，不可有傲气。没有傲骨，特别是男人如果没有傲骨，没有骨气，那就是懦夫。一个人软弱无能，经不起考验，什么都可以出卖，那活着还有什么意义呢？

看完骨之后，接着就要看神。通过什么看"神"呢？通过眼睛。因为人的全身基本上都会伪装，尤其是现在的整容技术很高，那就更容易伪装了。我的一位韩国朋友最近看到我就说："糟了！"我就问："怎么了？"他说："我现在回到家，家里如果有两个女人，我肯定都搞不清楚哪个是我太太。"我问他："怎么会这样？"他说："我们韩国女人都去整容，现在整条街上的女人基本都长一个样。"所以现在给人看面相要非常小心，因为很多人都是整过容了的，那你看相怎么可能看得准呢？我常常建议别人，从现在开始，不要再看自己长得漂亮不漂亮，那不是你要看的。因为你这辈子长成什么面相，都是根据你这辈子要做的事情搭配好的。比方说，如果你将来要当将军，你就会有将军的相，最典型的就是眉毛往上扬。但你如果将来要当一个文人，你的眉毛是往上扬的，那就不行，文人的眉毛应该清秀一点。可是你如果去整容，整到最后连自己最初的任务都忘记了，那你这辈子就白活了。

那么，眼睛应该怎么看呢？第一，看有没有神。眼睛如果没有神，那这个人就会显得没有生气、没有活力了。可是眼睛也不能露凶光，否则就会很可怕。人们常说眼睛是心灵的窗户，它会透露灵魂的讯息，所以它是最"老实"的，它很难掩饰，因此我们中国人专门修炼眼睛。细心的人可能会发现，官职越高的人，其眼睛往往越没有表情。因为他不能有表情，如果有表情，它就泄露机密了。对于中国人来说，最要紧的就是修炼眼睛，眼睛修炼好了才有资格做官。如果你心里有什么情绪或想法，就马上流露出来，那你怎么做得好官呢？眼睛没有表情，麻木不仁，让人看不出情绪才适合当官。可是现在的年轻人，几乎每一个人的眼睛都会说话，眼睛会说话的人，就很容易被人看透，也往往很容易上当受骗。这点值得现在的年轻人注意，人不能太有心计，但也不能没有心眼，首先要学会保护自己。

我大概四十一二岁的时候碰到一个人，他突然跟我说："曾教授，你要小心，你活不过三个月。"他就这么铁口直断，有时候我觉得现在社会上像这种热心肠的人太多，其实也是很可怕的。但是幸好我这个人从小就是被吓唬大的，要不然听他这么说，我早就得被吓死了。我就问他为什么，他说因为我说话的时候，他看到我的舌头上面有一个印，而且是方形的。人张开嘴之后，确实可以从中"读"出很多东西来，尤其是舌头后面的那些血管，它会告诉你很多事情。不光是这些，就连大小便也是会说话的。随后他还拿证据给我看，他说："你看这些案例，出现这种东西之后，都没有活过三个月的。"我听了之后就说："谢谢你。"《易经》告诉我们，别人如果告诉我们好的，我们就要赶快相信，别人如果告诉我们不好的，那我们心里就绝对不能相信。一旦相信，我们的结局就很可能会不好，因为人的心理作用是非常强大的，它甚至会使原本不会发生的事情最后成真。我回家之后就开始想自己的舌头上怎么会有那个方印，后来我终于想通了，是因为我吃了一个朋友从韩国带回来的人参含片，含片正好就是方块的，所以我舌头上才会有方印。

从这件事来看，我们就应该清楚，人不要多嘴，总告诉别人一些不好的信息，因而害得别人日夜不安，最后甚至可能会害死他。千万不要做这种事，除非人家问你，并且是很诚恳地问你，你才可以告诉他，而且要知道该说到什么程度，不要不分情况、毫无保留地和盘托出，否则就会导致所有人都不想看到的结果。

除了看眼睛有没有神以外，还要看眼睛清不清。眼睛有清有浊，眼睛浊的人往往给人邪派的感觉，那眼睛清的人是不是一定就是正派的人？不一定。因为邪派的人也会隐藏在眼睛清的人里面。为什么小人比较多，而君子比较少，这是必然的？为什么老天要让邪的人比较多，正的人比较少？因为如果每个人天生都很正的话，那我们就根本不用努力改变，也不用修己了。每个人生下来多多少少都会有一些缺点、毛病，它们就是需要你这辈子去修炼的。每个人的人生本来就是在这些缺点的包围下绕来绕去，我们要做的就是努力寻找出一条正路，以便最终走出这些缺点的包围。

从现在开始，大家可以在没事的时候照照镜子，第一看自己的鼻梁正不正。鼻梁如果歪了，就要反省自己是不是心术不正，然后赶快调整自己的心、自己的想法和观念。记住，千万不要采用手术的方法，就像我们前面说的整容一样，那是不能真正解决问题的。第二看自己的舌头是否能笔直地伸出来。我想现在一般人都会很难，肯定不是往这边歪一点，就是往那边歪一点。然后看自己的眼睛。现在很多人都是大小眼，一个大，一个小，很难完全对称，而这些就是需要我们格外加以注意的。最后再从脸的正中间画一条直线，仔细看两边是否对称，是否均匀。因为脸上的每一个地方都代表着你内脏的某一个部位。凡是脸上的颜色不均匀的人，都要小心，一定要弄清楚是身体哪个部位出了问题。所有这些问题，都是需要你自己慢慢去调整的，因此看相其实是用来帮助你调整自己的。

二、刚柔：看信念看态度

看完神骨之后，就要看刚柔。五行就是从刚柔来的，刚柔的不同组合、不同表现，就是五行。金、木、水、火、土五种类型的人中，金型人的肤色通常比较白，脸型比较方，骨骼和肌肉都很结实。现代人都追求皮肤白、身材瘦，其实这需要看你是属于哪种类型的人。比如对于身体胖瘦问题，木型人瘦一点比较好，而水型人则是胖一点比较好。所以金型人不嫌白，木型人不嫌瘦，水型人不嫌肥，火型人不嫌尖，土型人不嫌浊。火型人的脸一般上面比较窄，下面比较宽，脸基本是呈三角形的，而且是倒三角形。土型人一般脸色都比较黑，其实这没什么不好。每一种型都有区别于其他型的特定的特点。因此不要认为什么一定好，什么一定不好，好与不好，都需要配合你的各方面情况，综合起来才能做一个比较准确和相对客观的判断。实际上纯粹属于某一种型的人很少，基本都是一部分是这种型，一部分是那种型，甚至好几种型合在一起，这就叫兼型。血型也是一样，每种血型的人都会或多或少地含有其他血型人的特征。所以为什么都是 O 型血的人也会不一样，就是因为他们可能还混有 A 型或者 B 型特征，等等，而且每个人所含有的其他血型特征比例也会不一样。

任何事情都离不开一句话，那就是"一阴一阳之谓道"。刚柔其实也是"阴阳"观念的一种。男人要外刚内柔，女人要外柔内刚，这就叫男女有别。"刚"主要是看你的骨架，而"柔"则主要看你的血肉。有的人骨头很尖锐，但肉却比较柔软；有的人骨头很粗，但肉却很少；还有的人则比较均匀。每个人的情况都不一样，大家谨记一句话就可以了，平衡是最重要的，前后、左右，各个方面一定要平衡。

我们看人常常看他的正面，其实应该从后面看人。看一个人最要紧的就是看他走路的样子。我每次出去散步的时候，都会看我前面的人是怎么走的。基本上十个人里面就有九个人是不会走路的。有些人，你通过看他走路就能大概知道他有没有出息。所以父母在孩子小的时候一定要教会他正确的走路姿势，这对他将来的影响是非常大的。人看不到自己的背后，因此一定要有人纠正才可以。大家没事的时候可以互相观察对方如何走路，互相指出对方存在的问题，然后各自去作调整。

"刚"是看骨架，骨架可以理解为我们每个人要达成的目的。

那么"刚"也就意味着超凡脱俗的气概、势不可挡的力量，以及坚不可摧的信念。相应地，"柔"是看血肉，血肉就代表着我们实现目的的手段。"柔"就告诉我们要放大他人的优点，缩小他人的缺点，看人看事的态度要尽量向善。除此之外，"柔"还象征着以柔克刚的力量。

曾国藩反复强调，"做人以懦弱无刚为大耻"。所以一个人要倔强，但是不可以暴虐，而且必须是为公办事，或者是为了开创家业，才可以倔强，才可以刚强。另一方面，人又要谦退而不卑弱。争名逐利的时候，你宁可退一步，不要往前一步，因为退一步海阔天空，往前一步则可能头破血流。守成安乐的时候，同样也需要柔一点。所以一个人要能屈能伸，有刚有柔，刚柔并用，而且还要知道对什么应该刚，对什么应该柔。《易经》告诉我们，"阳以阴用，阴以阳用"。很刚健的时候要用很柔的方法来表达，而很柔弱的时候就要用很刚健的方式去完成。

因此我们中国人同时讲两句话，一句话叫"无毒不丈夫"，好像男人都很坏，但同时又说"最毒妇人心"，好像女人才最坏。这看上去很矛盾，但你如果对照《易经》里面说的话，就会明白这两句话的含义，理解它们分别强调的意思，以及其中所蕴含的道理。第一句话强调男人必须"毒"，必须刚，否则就算不上男人，就是懦夫。第二句话则强调的是女人看上去很柔弱，但当她需要刚的时候，就会比任何人都"毒"，比任何人都刚。女人一般都很柔，容易被欺负，而老天就会让她在遇到这类情况时比男人还要刚，为什么会这样？是为了保护她的贞节，保护她自己。具体而言，女人在什么时候刚，男人在什么时候柔，各自要刚或柔到什么程度，这是我们每一个人都要自己去参悟、把握的。一个男人如果太刚，他就完全没有亲和力，这会让所有人都怕他；反之，如果太柔，又会让所有人都看不起他，因为他太懦弱了。男人最怕的就是懦弱。女人最怕的是完全没有柔，试问有哪个男人会愿意追求不懂得柔的人呢？她就往往会很孤单。

三、容貌：看人生看命运

接下来看容貌。我们都知道，汉语原本都是单音词，可以说"一字一太极"，一个字就是一个意思。所以刚是刚，柔是柔，骨是骨，血是血，气是气，色是色。容貌也是，容是容，貌是貌，完全是两码事。"容"主要是看人的身高体重，喜怒表情，而"貌"则主要是看五官的状态、面貌。

我们把身体分为三停，头为上停，上身的肩至腰为中停，下身的腰至足为下停。一般而言，上身相对较长的人，通常命会比较好，可是现在很多人都喜欢下身长，下身太长就容易站不稳。上身较长，且两手也特别长，"此乃公侯之相"。其代表人物是刘备，刘备手长过膝，两个手一伸出来就超过膝盖，这种人非常少，我相信现在基本找不到这种人了。三停最好合度，彼此要尽量协调。所以现在很多父母看到自家小孩长得高就很高兴，其实高不见得就好。不同民族有不同的特征，这是有其道理的。比如东方人普遍比西方人个子要矮。东方人长得太高，相对来说就会过于单薄，所以反倒不好。每个民族都有一个度，在那个度以内，才是最适合他们的。

面部也分上、中、下三停，发髻至印堂（眉毛一线）是上停，印堂至鼻准（即鼻尖）为中停，人中至地格（即下颌）为下停。这三个部分同样最好比较均衡、对称一点，不要哪个地方特别大，或者哪个地方特别小。五官要各有其位，各有其形。每个人的嘴巴长得都不一样，眼睛也长得不一样。眼睛的种类非常多，有熊眼、猫眼、牛眼、龙眼、凤眼，还有阴阳眼，阴阳眼就是大小眼，但就是没有狗眼，所以有句骂人的话叫"狗眼看人低"，中国人专找没有的骂，意思是根本找不到你这种眼睛。

眼睛的学问很大，眼珠子亮不亮，大小匀称不匀称，位置对不对都至关重要。从一个人的眼睛，我们就能看出很多关于他的事情。还有，人的名字也是很有学问的。因此我们通过听一个人的名字，看他的长相，看他的眼睛，看他的鼻子，就能大概知道这个人可不可以交，需要与他保持多远的距离，他可不可以信赖。这些都有助于我们做判断和决定，能让我们少犯错误。

从面部三停也基本能看到人的一生。上停代表少年时期，所以我们通过看一个人的额头，就能大概知道他年轻的时候是否走得艰难、辛苦。如果他的额头非常平整，连皱纹都没有，那就说明他那时候的路很顺。年轻的时候顺一点好不好？不好，年轻就怕顺。因为就像我前面说的，人一生都会喝两杯酒：一杯甜酒，一杯苦酒。年轻的时候把甜酒喝了，那后面就得喝苦酒了，所以接下来的路可能就会非常艰难。那么，中年怕什么？怕闲。四十几岁就失业，基本就很难再找到工作了，那你将来靠什么来养活自己呢？所以凡是四十几岁就很闲，整天无所事事的人，很可能老的时候命会不好。老年人呢？怕逆，因为一个人如果到老了还不顺，那就得问问自己，前面的路是怎么走的？你前面没有努力奋斗，没有好好创造条件，现在你才享不了福，只能吃苦。因此，一个人的少年基本都写在额头，中年都写在两腮，老年都写在下巴。所以为什么有些人要留胡须，就是因为他下巴太尖了，地格不够宽厚，那种面相就叫"老歹命"，必须要留一些胡须来使地格看上去更宽厚一些。

四、情态：看精神看人心

情态就是"神之余"，什么叫"神之余"？"神"指精神。因为一个人的神，你往往不容易看透，但是你可以看他的神态。神态就是神所表现出来的样子，也叫情态。精神是本质，情态是现象。神与情合起来叫神情。神是含于内的，情是现于外的。神是静态的，情是动态的。

人的心一动，外在的情态就会跟着发生变化。你从一个人的神态、情态就可以看出他的心是往正方向动还是往邪方向动，是进还是退，是支持你还是要阻挠你。"久注观人精神，乍见观人情态"，情态可能一眼就能看穿，但要想看透精神，就需要长时间的仔细观察。

我年轻的时候当企业顾问，经常会有老板要请我吃饭，我知道这饭不是那么容易吃的。因为往往一顿饭吃完了，他就会马上带我去他公司，然后到他的办公室之后，他就会问："你看我的财务经理怎么样？"我如果说："我没有看到。"那他就会想："没有看到？你是白吃饭的吗？那我干吗要请你吃饭？"因此我必须要心里有数。怎么才能心里有数呢？一走进他们公司，我就开始看人，而且还要趁别人不注意的时候看，因为那时候看到的才是人的本相，别人注意到我在看他之后，就统统都是假象了。

所以凡是有人说："曾教授，你帮我看个相吧。"这时候就已经不能看了，因为这时候我看到的多半都是假象。一个人精神抖擞的时候，你看到的多半是假象，一个人的状态很自然的时候，你看到的才可能是真的。看人就要趁他不注意的时候看本相，然后再在他注意的时候看他是怎么装的，之后再看这前后有多大落差。这个落差有多大，就说明这个人的变化有多大。这样，你才有可能真正看透他的内心。

五、须眉：看气概看健康

下面就开始看须眉。以前须眉是专指男性的，它是表现丈夫气概的必要条件。为什么？因为以前读书人多半是男性，为官为将、大展宏图的也基本都是男性。所以女性如果很厉害，就叫"不让须眉"。"须"是什么？胡须。在相书中，须是生命力的表征，须相良好，表示肾力充沛。须无论多少，其量都要与眉的量基本相称。"眉"，即眉毛，是健康、性格、家人关系以及官禄贫富的象征。

按科学上的说法，一个人如果进化得好，其文明程度比较高，那么他的毛发应该是比较细、比较柔，不会是特别浓密的。文人多半眉毛很细，眉毛清秀一点比较好，眉毛太浓密的人，往往个性比较强。眉毛无论浓密粗细，千万不能断，断眉很糟糕。眉毛长要有起伏，短要有神气，直的其实不好，比如一字眉。现在很多人把眉毛剃掉，然后画两条直的，其实非常不好看，完全没有生气。眉毛最怕的是往下垂。眉毛太往下的人往往比较倒霉，甚至终生不得志，"衰眉道人"就是从这里来的，当然这也同样不是绝对的。

《冰鉴》上说，"眉主早成"，早年成不成功主要看眉；"须主晚运"，晚年是否安乐就主要看须。但现在的人多半不留胡须，所以就主要看地格。天庭、地格、人中，这三个地方是一个人面相的主要标的物。

六、声音：看魅力看境界

接下来是声音。"开口说话叫声，散在左右为音"，我们听别人说完话后，缭绕在耳边的就是"音"。很多人只有声，没有音，他讲了半天，你也不知道他到底在讲什么。当你的声音开始变的时候，你就要小心了，这其实是在警告你，你的生理已经在开始起变化，你的命运也已经开始起变化了。"贫贱者缺乏文雅的韵味与情调，有声无音。一开口就情动于中，话说完了仍然余音缭绕，令人回味无穷，才是雅士。声未出而气先动，话未出而涎先流。自命不凡、大吹大擂，必为凡人。"所以我们从一个人的声音以及言语，就能大致感受到他的个人境界、魅力，以及他所散发的磁场。

"自命不凡、大吹大擂，必为凡人"，这句话对现代人来讲尤其重要，喜欢自吹自擂的人绝对不会有什么大成就。现在只要在路上遇到熟人问我近来怎么样，我都会说："没什么事，平常过日子。"我绝不会跟他说我很忙，说自己很忙干什么呢？那往往只能说明自己心虚。忙不见得好，闲也不见得好，该忙时忙，该闲时闲，这样才好。可是我们现在很多人不是这样，就怕别人说自己不忙，所以总是在强调自己很忙，那是在咒自己，好像要忙到死一样。做人要平常、平凡、平静一点。起起伏伏，偶尔为之还可以，常常那样就不行，生理和心理都会吃不消，会负荷不了的。

七、气色：看情绪看修为

最后一个是气色。面相象征人的大命，气色则代表人的小运。大命决定一生祸福，小运决定数月吉凶。气是气，色是色，气代表人的道德精神，色代表皮肤的色泽。色是气的外显，随着气的变化而呈现不同的面貌，因此气色其实是经常在变动的。你的内心如果有什么触动、感受或者情绪，你的脸色也会变，是隐瞒不了的。一个人如果很高兴，即便他不敢笑出来，他的脸色还是会显示出来；同样，一个人如果很愤怒，就算他修养很好，你也照样可以看得出来，因为每个人的脸色都是随时在变的。

第二节
看人八诀

曾国藩把他看人的方法总结成了八句话，这也可以说就是他的看人口诀。我们要好好体会这八句话，并在平时的日常生活中多加运用。但我们要清楚一点,想要完全掌握这一口诀,绝不是一朝一夕的事情,这需要在长期的生活实践中慢慢积累,最后才能转化成为自己的经验。

一、邪正看眼鼻：眼闪鼻歪的人不正直

看一个人,先要看他是邪还是正。正的人往往比较容易接近,对于邪的人,最好敬而远之,与他保持一定距离比较好,否则就很可能被他拖下水。那怎么看邪正呢?通过看眼睛、看鼻子。一般人的眼睛很容易看,你就看他敢不敢正面看你。如果他眼神闪烁,东转西转,那他就肯定有问题。一个人的眼神如果老是左右闪烁不定,那往往就说明他很心虚,或者没有诚意。

可是他如果一直盯着你看,或者狠狠地瞪着你也不行,所以要恰到好处地看人其实也是很不容易的。我问你,当你远远看到老板走过来的时候你会怎么办?这是最考验人的。美国人通常是不怎么在乎你是不是老板的:"反正我看到了就是看到了,没有看到就是没有看到。"中国人就不能这样,你必须看到应该看到的人,没看到你不应该看到的人。所以当你看到老板的时候,你还敢不敢和旁边的人继续聊?你不敢。你敢不敢看到老板过来就马上不讲话了?也不敢。中国人为什么这么复杂,因为中国人最敏感。试想一下,如果你是老板,你远远地看到两个人在那说话,如果他们看到你过来还继续讲,那就表示他们眼中没有你,"那我就要修理你们,让你们去做这做那,看你们下次还敢不敢不尊敬我";如果他们看到你就马上静下来了,那就一定是在说你坏话,要不然怎么会突然停下来?

再比如，你坐电梯的时候，眼睛会看哪里？你下次可以去观察，你会发现，一进电梯，每个人都会盯着显示屏，看上面的数字升或者降，那有什么好看的？可是如果不看它，你的眼睛还能看哪里？因为电梯里面空间太小，如果正好只有一男一女，男方要是敢盯着女方看，那他就是色狼。

其实最难修炼的就是眼睛，看也不对，不看也不对，用力看不对，不用力看也不对，这都要靠你自己去修炼。最吃亏的就是老板每次看到你，总觉得你对他有意见，遇上这种情况的人是最倒霉的。有人可能会说"我明明没有意见，老板却非要说我有意见"，那肯定是因为你的眼睛一看就是像有意见的眼睛，而有些人心里明明有意见，看着却像没有意见一样，这种人就能少很多麻烦。

中国人看人先看邪正，所以第一看对方的眼睛，第二看对方的鼻子。千万记住，鼻子是首先要修炼的，因为眼睛要比鼻子自然得多，也难以修炼，所以要先修炼相对简单的鼻子。鼻子是你给别人的第一印象。那么，应该怎么注意鼻子呢？第一，不要受伤。第二，如果鼻子有什么问题要赶快去了解，弄清楚原因，然后自己好好调一调。

二、聪明看嘴唇：嘴唇厚的人多半忠厚

有人说："如果要用晴空来比喻眼睛的话，口便是芳香的乐园，同时它充满了热情与情欲的果实。知性的美，可以由眼睛表现出来，而感情的美，则可由嘴唇来加以表现。"由此可见，在五官中，口也是非常重要的。

嘴要大，才能吃四方，嘴大的人一般比较豪放大胆，性格坚强，精力充沛，富有行动力及决断力，会努力拼搏。嘴大的人在性格方面多属乐天派。嘴唇是厚一点好还是薄一点好？厚一点好，上唇要掩得住下唇。嘴唇厚的人往往比较忠厚，为人处世基本能以诚相待，给人以实在、讲信用的感觉。

而嘴唇比较薄的人，通常为人较轻浮，容易乱讲话，所谓"祸从口出"，因此容易得罪人而树敌。当然这些都只能作参考，因为还要搭配很多其他方面的因素综合来看。

三、功名看气宇：气宇轩昂的人更争气

看一个人的"气宇"，先看他的额头，然后看他一身的气如何。曾国藩就特别擅长看人的气。一个人如果气都已经衰了，那么，面相再好也没有用，也很难有大出息。

人争一口气，佛争一炷香。一个人气宇轩昂，实际上是整个家庭给他的信心，是整个家庭在支撑他，让他无所畏惧。为什么这么说？因为中国人吃饭基本都是用圆桌，反正多一个人少一个人都能坐得下，会有你吃饭的地方，那你还怕什么呢？大不了五指并拢，向下一拍，跟老板说"我不干了，怎么样？"反正回家就是多一双筷子而已。我爸爸当年就是这么教我的："该吵就吵，你怕谁啊。但如果是你不对就不可以吵，你如果有理你就吵，吵完回来，家里就是多摆一双筷子的事儿，会有你的饭吃。"可是现在还有几个家庭做得到？基本上都做不到。现在家里一般都坐方桌，坐方桌的意思就是一人一个位置，多一个人可能就坐不下了，而坐圆桌的意思则是多一个人也不要紧，大家挤一挤就可以

了。当然，这只是一方面，气宇也是要靠很多方面一起撑起来的，比如个人的能力、性格等。

四、事业看精神：精神专注的人易成功

一个人的事业怎么样，就看你的精气神，精、气、神这三者是相互滋生、相互助长的，关系尤为密切。从中医学的角度讲，人的生命起源是"精"，维持生命的动力是"气"，而生命的体现就是"神"的活动。所以说精充气就足，气足神就旺；精亏气就虚，气虚神也就少。中医判断一个人的健康情况，通常都是从这三方面来考虑的。因此，将精、气、神视为人身"三宝"，是有一定道理的。古人甚至有"精脱者死，气脱者死，失神者死"的说法，由此也不难看出，精、气、神是人的生命存亡之根本。

精气神也就是精神。一个人的精神如果时时刻刻都能够集中，不会涣散，注意力能很快集中，也能很快松懈，总体上保持高度的弹性，脑筋就能非常灵光，也比较容易取得成功。

五、寿夭看指爪：手脚要有气而又柔软

指爪就是指手脚。脚肥肥胖胖的人，更能站得稳，反之，脚瘦瘦干干的，就不那么可靠，自己都站不太稳，别人怎么靠他呢？

一个人的寿夭主要通过看他的手脚。其实只需要握一下手就能大概知道了。第一，看它有没有气。第二，看他手上的肉是否柔软。第三，看他的手指是否细长。手指粗短的人，多半不是文人，因为他连拿毛笔都会很不方便。手指细长的人，往往比较心灵手巧，脑筋也会比较灵活。

一个人说话的时候动作很多,经常手舞足蹈,这叫什么?这叫粗鲁。那如果一个人永远面不改色,手脚不动,无论你说什么他都无动于衷,这又叫什么呢?愚蠢或者冷酷。可是如果一个人又粗鲁又愚蠢或者冷酷,却往往又活得比别人长。为什么?因为他一方面情绪得到了发泄,一方面又能不受别人的影响,那他的寿怎能不长呢?所以归根到底,一个人的情绪、心态的调整与平衡,对其寿夭的影响至关重要。

六、风波看脚跟:脚步稳重的人有担当

大家平时可以多留意,看别人怎么走路。通过看一个人走路最能够看出这个人如何,那么走路应该怎么走才好呢?走路的时候好像背上有重物的最好,因为这表示这个人能够担当大任。脚步非常稳,整个人也四平八稳,做事总是按部就班,不快也不慢的人才可靠,才值得信赖。现在很多人走路都是七扭八歪的,显得很轻浮,一点也不稳重。另外,走路脚跟不着地的人,通常命不会太长,而且这种人往往比较浮躁,交代给他的事,他倒是能做得很快,但是这种人不踏实,很难信得过。

每个人都要自己去调整,而且一定要有目标、有方法,还要懂得分阶段调整。一方面调整自己的走路姿态,另一方面更要教会孩子怎样走路。除此之外,坐姿也很重要。一个人要想身体好,就要规规矩矩地坐好,两脚并拢,身体保持端正。为什么?因为脊椎骨只要一歪,各种病就都会出来了。

大家没事的时候可以相互看看,朋友相对坐,夫妇相对坐,让对方背朝上趴下,两只脚相并,看看是否一样长。基本上十个

人中会有八个人是长短脚，大多都是因为脊椎弯了。可能会有人说这没有关系，反正歪了还可以调。现在确实有很多人，稍微一调整就调正了，可是往往过两三天老毛病又犯了，因为他只调了上半部，其实真正应该调的是下半部。但是千万要小心，别把骨头弄断了却还没调过来，因为人越老，骨头就会越脆弱。中国人的很多事情，道理是一样的，但是方法各不相同，功夫各有高低。就像什么情况下，脊椎需要调整，这点大家都知道，但是怎么调，是否能调好，那就说不准了。

七、条理看语言：透过语言看人的内心

"若要问条理，全在语言中。"这才是结论，这才是曾国藩看人口诀的最终结论，也就是要看你的心。如果能真正看到你的心，那其他的就都不必了，前面的那些也都不用看了。你的心一动，他就知道。这叫什么？叫读心术。如果老板的心一动，你就能知道他要干什么，那你要不要说出来？你千万不能说出来，说出来就糟糕了。《三国演义》里面的杨修就是因为不懂这其中的道理，最后才酿成悲剧。他就是能看穿曹操的心事，曹操一动，他就知道曹操想干什么。曹操怎么可能忍受这样一个人的存在呢？所以最后就把他杀了。最令老板气恼的就是，他在你面前好像没有穿衣服一样，"我想什么你都知道，那还得了！"可是你完全不知道，也不行，老板会想"你什么都不知道，什么都要我说，那要你有什么用？"我说的这些，其实都是到现在还没有改变的道理。

语言是什么？所谓"言为心声"，"言"就是透露你内心资讯的工具和媒介。所有的祸也都是你的语言招来的。

假如你去问路的时候直接对别人说："我要去车站该怎么走？"对方可能就指一下说，"往那边走"。结果你走了半天才知道是错的，原来他骗了你，然后你就开始骂那个人，其实你应该骂自己才对。试想一下，你向别人问路的时候，他的第一反应会是什么？他会想："我是该被你问路的人吗？我在卖花。"所以，本来就是你不对，是你先打扰别人、麻烦别人的，那你就该有麻烦人的语气和态度。以前的人问路多半都会先给对方递一支烟，然后再问他去车站该怎么走，那样他就会讲得很清楚，为什么？他会想，"我不能白抽人家的烟，我应该凭良心告诉他。"或者你不递烟，你欣赏一下他的花也行，"啊，这花真漂亮，如果不是赶时间，我绝对会买回去。我现在要去车站，请问该往哪里走？"你关注他，能站在他的立场，那他自然也就会站在你的立场，愿意帮你忙。

所以，一切都是你自己造成的，不要怪别人。一见面就劈头盖脸地问别人，也不管别人在干什么，心里怎么想的，好像别人欠你的一样。别人凭什么一定要帮你呢？任何事情都要换个角度思考问题，多站在别人的立场想一想，多检讨反思自己，自己有哪些做得不够、做得不好的地方，这样你也会进步很快。

八、信又要不信：不可不信，不可全信

我在这里再强调一遍，一定要把上面所讲的这些都综合起来看，而且还需要结合其他方面的因素，这样得出来的结论才会比较客观。面相不可不懂，但也不可全信，因为每个人都是千差万别的，这些规律不可能适用于所有人。

曾国藩也上当吃亏过，他也看错过人。有人可能会觉得这不可思议，他那么会看人，怎么可能看错人？但这确实是事实，大家可以仔细揣摩、领悟其中的道理。

有一次，一个人来找曾国藩，这个人对曾国藩说："像左宗棠那种人，我们只是不敢骗他而已，因为他太威严了，我们怕他，所以才不敢骗他。但是对您老就不一样了，您老这么忠厚仁慈，我们不是不敢骗您，我们是不忍心骗您啊。"一个人只是让别人不敢骗，那就说明这个人的层次比较低；而一个人能做到让别人不忍心骗，那他的层次就比较高了。曾国藩听了这话自然很开心，于是那个人接着又说："有两种做官的人是不入流的：一种是别人没有骗他，他却总是疑神疑鬼，认为别人在骗他；另一种更糟糕，别人骗他，他还糊里糊涂，一点也不知道别人在骗他。"曾国藩一听这话，就更高兴了，立刻就派给这个人一份工作，结果这个人过了三个月就挪用公款，然后逃跑了。之后马上就有人报告曾国藩，"你用的那个人挪用公款私逃了"。曾国藩只有苦笑着说："不忍骗，不忍骗，最后还是骗了。"

所以一个人千万要提防别人给自己戴高帽子。可是我们现在总是鼓励人要多说好话，多说好听的话。对于这一点，我是很不赞成的。我活到现在，从来没有叫过一个人"美女"，也没有叫过一个人"帅哥"。一见面就给别人戴高帽子，这不是真诚、诚恳的态度，因而不可取。

相书里面有很多话很有意思，比如"内奸的人有出息""内奸、外奸的人成就最大"，大家猛然听到这几句话，可能会觉得奇怪，"这样的人不是很坏吗？为什么小人才会出人头地呢？"其实不是这个意思。这里的"奸"不是奸险，而是指有谋略。我们不主张阴谋，但是我们主张有谋略。阴谋诡诈是所有人都讨厌的，但是一个人如果没有谋略，也很难成大气候。人不能害人，但是要会算计。有句话叫："吃不穷、穿不穷，算计不到一世穷。"不会算计的人，一世都穷。曾国藩也不是一直都很老实的，他有时候也需要不老实，当然不是作假，只是适当的时候也必须适度调整一下。人要学会应变。一个人有时候这样，有时候那样，可能会让人感觉很奇怪，但是他万变不离其宗，原则不变，方法千变万化，这种人才是干大事的人。

看相最重要的是看一个人的习惯。统一集团的董事长高清愿为什么能屹立不倒？这当然有很多原因，但是在这里我可以说一个细节，大家可以仔细去琢磨这其中的关联。他有几个动作，会让别人看了以后都觉得他值得信赖。什么动作？一张纸巾他会很小心地抽一半，然后留一半，并且用这一半擦完手之后，会再去擦头发，而因为头发上有油，于是他又会再用来擦皮鞋……旁人一看，立刻就觉得他是懂得节俭的人，绝对可靠。所以我每次在公共场合看到一些年轻人拿纸巾的时候一张、两张、三张、四张地连着抽纸，我就知道这个人是完全不懂节俭的。怎么可以这样浪费呢？这简直就是暴殄天物。大家要记住，什么都可以变，勤劳、节俭、用心绝对不能变，否则就会"富不过三代"。

第四章
曾国藩的识人绝活

曾国藩在识人、用人方面都很有成就。所谓"识人"就是知人，"用人"也就是善任。郭嵩焘为他作墓志铭，说他"以美化教育人才为己任，而尤以知人名天下"。俞樾称他"尤善相士，其所识拔者，名臣名将，指不胜屈"。左宗棠则为他写挽联："知人之明，谋国之忠，自愧不如元辅。"而据《清史稿》记载，曾国藩"尤知人，善任使，所成就荐拔者，不可胜数。一见辄品目其材，悉当"。从这些评价中不难看出，说曾国藩"识人用人皆有成"一点也不为过。

其实作为领导，真的只需做好"识人用人"这四个字就够了，其他都不是你的事。可是现在如果你在台湾当"交通部门负责人"，别人还会质询你"台湾最快的火车是什么？"你还得回答，这不是很奇怪吗？如果我当"交通部门负责人"，不管谁质询我台湾最快的火车是什么，我肯定会说："这个问题请你问'铁路局长'，那是他的事。"但是没有人敢说这种话，因为我们现在的标准、原则就不对，所以乱成一团。你如果说这种话，社会就会批评你失职，你不亲民，你推卸责任，等等。职位那么高的官员，却要整天管这些芝麻大的小事情，那大事谁来管呢？就没有人管了。标准一乱，整个社会是上不了轨道的，所以我们现在最要紧的就是要转变观念。

一个老板只有两件事情要做：第一，把场子做大，让每个人都有升迁的希望；第二，让跟自己的人都有饭吃。这就够了，其他没有你的事。每个人都有份，这个份就是责任，大家都要明确自己的责任是什么，你该做的你就去做，你不该做的就让别人做。

什么叫"有成"？千万记住，为公家做事做出成就的才能叫有成。古往今来都是一心为公的人才会留名，而为私的人，往往很快就被遗忘了。人活一世，大都希望名垂青史，流芳百世，但真要做到这一点，又谈何容易。

任何一位伟大的人物都会有受争议的地方，因为见仁见智，每个人的看法都不太一样。如果每一个人都说你是坏人，那你一定是坏人，可是如果每一个人都说你是好人，你也不一定是好人。后面这句话是很重要的。什么叫好人？就是坏人都说你坏的人，那才是真正的好人。如果没有人把你当敌人，那就表示你大概没有什么分量，你如果有一点分量，就一定会有人把你当敌人。因此如果有人批评你，你也不必太介意。

对于曾国藩，有很多有争论的地方。可是我们接下来要讲的这一部分，是大家都一致认同和敬佩的，那就是他的眼睛很厉害，他看人很准。一个人怎么样，将来会怎么样，他都能直截了当地说出来。这叫什么？这叫识人的功夫。要知道，要想练成这个功夫，是非常不容易的。

第一节

曾国藩的识人之乐

曾国藩说他本人有"三乐"：读书声出金石，一乐也；宏奖人才，诱人日进，二乐也；勤劳而后憩息，三乐也。很多领导会出于私心想保住自己的位置，而不愿提拔人才，或者至多把提拔人才、培养人才当作自己的职责或责任来履行，很少有人有自愿提拔和培养人才的觉悟，更别说把它当成一大乐趣了。这其中的差距与具体原因，在此我们就不赘述了。这里着重要关注的是，从客观角度来讲，为何要知人？为何要识人？

一、制胜根本在于人才

曾国藩说："制胜之根本，在人才不在器。""器"就是指设备、机器或者方法、过程。但是现在不是这样，现在完全颠倒过来了，"重器不重人"，整天都在谈什么研发、材料、方法、制度，就是不讲人，完全本末倒置了。曾国藩深深感到，要做一番事业，单打独斗是肯定不行的，必须要有一班志同道合的人一起打拼。所以他知道，人才是很重要的。

二、先识别而后能培养

"要培育人才，必先识别人才。"曾国藩看一个人，首先看他活不活得久，"如果活不久还栽培他干什么"，用我们现在的话说，这叫投入与产出不相符。不能太短命，可以说是投入与产出成正比甚至产出大于投入的基本前提与保证。但是最重要的当然还是这个人值不值得培育，也就是我们常说的，这个人是不是一只"潜力股"。这个人身上必须要有能让你下决心在他身上"下注"或者投入的特质，否则就是浪费时间和精力，最后得不偿失了。

三、识人是在上者责任

为国识拔人才是大臣的责任。老实说，光这句话，就值得我们现代人琢磨很久。现在很多领导，能够做到不打压人才，不埋没人才，就很难得了。不怕人才提拔上来之后威胁到自己的地位，并出于一片公心诚心举荐，甚至还悉心培育，这就需要非凡的度量和胸怀。曾国藩既然会把"宏奖人才，诱人日进"视为君子一乐，就说明他的气度是真的，不是装出来的，更不是勉强的，而是完全自愿和发自内心的。

四、唯有识人才能用人

只有先识人，然后才能用人，因为用错人是非常可悲的事情，千错万错都没有用错人严重。机器坏了还可以修，可以换，可是人一旦出问题，就会非常麻烦，并不是更换所能解决的。人是善变的，尤其人心更难捉摸，随时随地都可能会变，所以你必须要知道该怎样防范，怎样诱导。在这一点上，历史上最为高明的，唐太宗可以算一位。唐太宗身边有两个重要的灵魂人物，一个叫房玄龄，一个叫杜如晦。一个姓房，一个姓杜，这不就是在告诉我们要"防堵"吗？事先要预防，事后呢？事情一旦发生了就要马上围堵，不能让它再继续坏下去。

如果我们将诸葛亮和曾国藩作一下比较，就会很清楚地发现曾国藩比诸葛亮更了不起的地方在哪里。曾国藩培养出了很多人才，诸葛亮却没有。诸葛亮临终的时候，阿斗派人去问他："百年之后,谁可任大事？"他说了两个人之后,等来人再问时,"不答,众人一看，已去"。因为他"遍观诸将，无人可授"，最后只能"蜀中无大将，廖化作先锋"。可是曾国藩就截然不同，他培养出一大批人才，当时响当当的人才大部分都是他推荐的，李鸿章、胡林翼、第一任台湾巡抚刘铭传，哪个不是他培养的？甚至连左宗棠也是他推荐的。他看到一个人，经大致考察之后觉得可以，就会毫不保留地加以推荐，一心为公，全心全意为国识别和培养栋梁之材，最终成就了中兴大业。

第二节
识人哪有那么难

那么，曾国藩是通过哪些途径，使用哪些方法学会识人的呢？总的来说，有一点非常重要，那就是——识人务必要先修己。曾国藩如若没有早年长时间的扎实积淀，没有常年的进德修业，提高自身修养与境界，那他断不会具备为时人乃至后人所称颂的识人用人、知人善任的上层功夫。

一、勤读史书学古人

"勤读"不是指一遍又一遍地读。你就算读到倒背如流，也不一定有用。勤读的主要含义是要能举一反三。孔子收学生是没有地位高低、贫富贵贱这些门槛的，也就是我们常说的"有教无类"。但是有一种人他是不要的，就是举一不能反三的人。这种人的特点就是教一样，就只知道一样，不能触类旁通。这样的人，孔子不教，这是他的标准与原则。

有很多人说中国人很重视历史，我不赞成。中华民族虽然有悠久的历史，但是我们并不真正重视历史。我们很重视历史意识，但是我们不重视历史，很多人连中国历史上的朝代顺序都记不清。虽然我们很清楚，历史大部分是假的，所以不能全信，不能过于听信历史书中的说法。但是历史里面蕴藏的道理却是真的，是不会变的。试问有几个人看过《三国志》？我想肯定没几个，我们大多数人宁可看《三国演义》，也不看《三国志》。《三国志》和《三国演义》最大的区别在哪里？前者为纪传体史学名著，取材精审，对史实加以认真考订和慎重选择，而后者则是历史小说，是对历史的戏说与演绎，偏重于揭示历史事实中所蕴藏的道理与启示。

曾国藩在大量阅读史书以及思考总结的过程中，懂得了很多关于识人用人的道理。

他发现古往今来有大作为的人，才智多半只发挥了三成，有七成没得以充分利用。究其原因，可以说其领导是最大的障碍。这句话很多领导是不爱听的，但事实上，领导成为下属做事情的绊脚石的情况非常多。因为领导的干预或阻碍，下属本来想做的，不敢做；本来要做的，不让做、不能做。可是很多领导并不这样觉得，甚至完全浑然不觉，而且他们自己也意识不到这个问题的存在。

天下没有一成不变的人，君子会变成小人，小人也能变成君子。所以曾国藩最后得出结论:"今日能知人、能晓事者,即为君子。"

"成大事者,以多得助手为要义。"如何选择助手?地缘、血缘、业缘都很重要,但也不能排斥外缘。湘军将帅多为湖南人,此为地缘。儿女亲家或门生故吏关系较深,此为血缘。同行业有共同目标者,即为业缘。

但是要想知人,一定要先知己。一个没有自知之明的人,是没有办法知人的。知人难,知己则更加难上加难。每一个人都有一个罩门(武术用语,练金钟罩、铁布衫一类外功的人,身上总会有一两处功夫练不到的地方),所以很难完全了解自己,这是每个人都会面对的问题,也是每个人必须努力克服的问题。

我讲"中国式管理"讲了这么多年,很多人就是完全不听,因为他们先入为主,认为"中国式"就是乱七八糟的。他们不听是他们自己的事,与别人没有关系,也没有谁强迫他们听。但是有些人什么都好,就是差一个"中国式"。

有一家公司,老板非常好,可下属都知道他就缺"中国式"这部分的修养,所以再三跟我商量,问我能不能在他们有活动的时候过去,然后来个出其不意,和他们老板见一面,面对面地谈一谈。

还有一个人,刚从国外回来,担任着一个很重要的职务。他爸爸就跟他说:"你去跟曾教授谈一谈。"可是他自己不明白为什么要跟我谈。我知道他什么都好,只是有一个问题:中华民族的风土人情他不懂。可是我跟他讲,他却完全听不进去,结果过了三个月又回美国去了。因为他完全按他自己的那一套在中国根本就行不通。他当副总，把公文基本上都批了，很少给总经理看，他自己心里想的是："这是我的责任啊，我能批就批，减少你的负担这难道不好吗？"可是总经理心里想的是："我批公文已经批习惯了，结果你一来，连公文都不给我看了，是想把我架空吗？"所以就把他踢走了。可以这么说，凡是当老板当得很辛苦的人，很大一个原因就是他缺少"中国式"这一部分修养。

二、自省己过管自己

曾国藩反省后对自己说："居官以耐烦为第一要义。"要尽量使自己不急不躁，头脑始终保持清醒才能保持安静。心急如火，性烈如马，怎能识得了人呢？

"可以有傲骨，不能有傲气。"否则盛气凌人，就很容易招来祸患。前面说过曾国藩年轻的时候也是年轻气盛，骂过很多人，因而也就得罪了很多人，所以他后面有十年走得异常艰辛。

"傲为凶德，惰为衰气，二者皆败家之道。"接下来这句话尤为重要。"富家子弟多骄，贵家子弟多傲"，所以都败得很快。看到这里，大家都要自我检讨一下，如果你家很有钱，你就要小心，你的子弟千万不能骄；如果你官做得很大，那么你的子弟就一定不能傲，否则就很容易出事。因为骄傲、爱自夸的人通常都比较急功近利，自夸最后对自己不会有好处，骄傲自满也会给自己带来很多不必要的麻烦甚至灾难。

"祸从口出，必须慎言"，几乎所有的祸患都是我们自己所说的话招来的，因此说话必须非常谨慎，无论行还是言，都需要三思。

"凡做一事，便要全副精神专注，首尾不懈。"专注是成功的必备品质，有专注，才会有效率。做事最忌有头无尾、有始无终，只有首尾不懈、一气呵成，才能快速达到目标。"人而无恒，终生一无所成。"理想、抱负，其实很多人都有。但是大部分人的梦想最终往往都化为泡影，这其中最重要的原因就是他们没有恒心。笑到最后，最终获得成功的人通常不是一开始最有优势的人，而往往是持之以恒，咬定青山不放松的人。但是要做到保持恒心、坚持不懈，是件非常不容易的事情，而这也只能靠自己，别人是无能为力的。

"古来英杰，非有一种刚强之气，万不能成大事也。"君子最忌懦弱无刚。为人刚强倔强，做事有原则者，才易受人信赖。但又不可过刚，过于刚强就是刚愎自用了，而刚愎自用的人是不讨人喜欢，也难以有进步的。所以必须把握好这其中的度，尽量做到刚柔相济才行。

对人对事对物，为求更好的生存发展，都需要更多思虑。这里我不用"思考"，而用"思虑"。现代人都喜欢用思考，"考"跟"虑"有什么不同呢？考虑、考虑，"考"是没有心的，"虑"是有心的。做任何事情，一定要用心，不用心是难以成功的。

此外，还要学会忍耐，但是有一点必须清楚，并不是一味忍耐、无底线地忍耐，而是该忍则忍，不该忍则不忍。凡事都有限度，对于这点，自己要心中有数。记住，这个世界上只有两种人：一种是认识你的人，一种是不认识你的人。如果一个人认识你，但他看不起你、不能接受你，那是"道不同不相为谋"，既然大家没有缘分，那就各走各的路，各自没有一点关系；如果一个人不认识你，他批评谁跟你又有什么关系呢？嘴巴长在他身上，他爱怎么讲是他的事，你就让他批评好了，你根本不用听他的。所以都跟你没有关系，那你还介意什么呢？如果你能有这样的修养，那么包容度就会变大，你的忍辱功也会变强。

三、识人为公聚人才

最后一点，一切为公，所谓"识人为己用，不如为公用"。"合众人之私，以成一人之公"，这句话的意思是说，每一个人投入某个阵营，都是各怀"鬼"胎，各有不同的希望，各有私心的，你不能要求人没有私心，因为那是不可能的。所以你想让他为公做事情，你就必须同时尽量满足他的要求与欲望，而不是一味要求他只能为公不能为私，那是做不到的，那是唱高调。

"万人同心，生死不弃。"曾国藩要求他的军队必须"呼吸相顾，痛痒相关，赴火同行，蹈汤同往，胜则举杯酒以让功，败则出死力以相救。太平军有誓不相弃之死党，吾官兵亦当有誓不相弃之死党"，他培养出来的很多人，最后也都做到了生死不弃，非常感人，也非常难得。要做到这一点，就必须使整个军队具有极强的凝聚力，而这往往与领导者独特且强烈的个人魅力是分不开的。

第三节
看人究竟看什么

左宗棠奏请朝廷下令全国大臣学习曾国藩的知人之明,单凭这一点,就能想见曾国藩识人知人有多高明。他的一双眼睛,具有无比的穿透力,就好比现在的 X 光,基本上任何人在他面前都会被一览无余。但是他看人的功夫也是练出来的,并不是天生的。

一、有无独立之志

曾国藩看人首先看什么呢?看这个人有没有独立之志,在大事上是否有自主判断力,能否独当一面。而且不仅要能独当一面,还要能聚集众人的力量。一个领导最要紧的不是自己在做事,而是要让跟着自己的人都能好好做事,这点才是最关键的。

如何判断一个人是否有独立之志,一个很直观的方法是看他是否听话,怎么听话,以及听话听到什么程度。我们中国人很有意思,一方面说"你听话,对你是不利的",一方面又说"你不听话,对你是有害的"。像这种话如果你听不懂,那最好就不要研究中国人的学问。一个人如果太听话,就容易变成"奴才"。你对老板服服帖帖,老板一定把你当"奴才"。所以经常有人很生气地跟我说,"我们老板怎么那么跋扈,好像我是他的奴才一样"。我就对他说:"谁叫你那么听话呢?"他说"那我就不听话",可是不听话就叫叛逆，叛逆就要被除掉。

所以你自己一定要心中有数，有足够的判断力，能清楚把握其中的界限。中国人是最懂得品质管理的人，其核心就是牢牢抓住上下限，由此就产生三个字，叫作"差不多"。听话听到差不多，不听话不听到差不多，守规矩守到差不多。中国人在这当中找出的一条路，就叫"不真不假"。"我绝对不骗人，但是我经常不说实在话"，这是外国人弄不懂也弄不明白的道理。如果曾国藩不守规矩，我们就不必学他，但是如果曾国藩太守规矩，他又很可能活不到62岁就死了。有些时候如果你完全死守规矩，不懂得灵活变通，你就会无路可走，甚至只有死路一条，尤其是在与最高统治者打交道、周旋的过程中。

所以，曾国藩才一次又一次地原谅左宗棠。左宗棠只比曾国藩小1岁，曾国藩成为大学士的时候，左宗棠也已经是总督了，但是按照清朝的惯例，总督拜见大学士的时候要自称学生，左宗棠很不服气。他跟曾国藩商量说："我们能不能破一下例，我跟你在一块儿的时候可不可以不自称学生？"结果曾国藩很爽快地答应了。曾国藩对别人可能不一定会有这么大的容忍度，可是他对左宗棠就不一样，就是因为他看上了左宗棠身上有一股不可动摇之气，也就是坚定的意志。

其实曾国藩自己同样也具有独立的意志。

一般来说，一个人到了50岁应该已经很成熟圆滑了，曾国藩50岁的时候，大家看看他是怎么表现的。当时他正带兵攻打安庆，这时候太平军把江浙一带都攻占下来了。江浙一带是最富裕，也是税收最多的地方，所以朝廷非常着急，咸丰皇帝就命曾国藩撤出安庆，保浙复苏，认为先把这个富裕的区域收回来比较要紧。但是曾国藩没有听皇帝的，他在大事上会坚持己见。曾国藩可以随便抗命吗？当然不可以，可是曾国藩熟读历史，所以他知道"我现在如果不先把安庆攻下来，去收复江浙是收复不了的"。这是什么道理？就是我们前面讲过的，从北方打南方比较容易，胜算比较高，而从南方去反攻北方就会非常困难，多半是会失败的，这是实际的地理条件造成的。所以他就对皇帝说，"现在要我放弃安庆去打江浙，将来最终结果是不会好的，请再给我点时间，等我把安庆打下来之后，我很快就会收复江浙"。最后结果如何？皇帝还是听他的了。作为臣子，要忠君当然没错，但也不能百依百顺，一味言听计从，那最后打败仗的责任还是得由臣子来承担的。

所以一个人与上级打交道，主要不是服从不服从的问题，而是自己有没有能力坚持的问题。你坚持到最后是对的，你就要坚持，你怎么能不坚持呢？比如你跟老板说这个人很讲信用，老板却马上说"不可能，他肯定没信用"，然后你就点头。那么，老板一看你前后的表现，肯定会认为最没有信用的就是你，"你刚刚还说他有信用，我一说他没有信用，你就马上相信我，可见你根本就连自己都说服不了，那我怎么能相信你？"但是现在很多人不懂这一点。我年轻的时候，也遇到过这样的事情。我跟老板说这个人有信用，老板也会说这个人没有信用，可是我心里清楚老板不一定知道，所以我就告诉他，我去银行查过，这个人确实有信用。老板还是说："啊，这不能完全信。"我就给他看打印出来的记录，最后他就相信我了。你要让别人相信你，你首先得自己相信自己，自己有底气，然后在这种信心下坚持，别人才可能最终被你说服。

我经常举这样一个例子，有一个人从外边进来就说："啊，外面有一条蛇水桶那么粗。"如果你听了会是什么反应？只要是中国人就一定会说："蛇哪有那么粗？"那个人连忙说："怎么没有？起码碗那么粗。"别人又说："不可能。"他就嗫嚅道："怎、怎么不可能？有棍子那么粗。"这样被连唬三次，最后就缩得像蚯蚓了。这就是中国人最拿手的说大话，尤其在闲聊的时候更爱说大话。那你能听到什么话就信吗？现在的年轻人根本不懂这些。总以为听话就好，听话可不见得好，但是也不能不听话。可是如果跟年轻人这样说，他们还是听不懂，那有什么办法？年轻人还是要深入社会多历练，慢慢去体验、去积累，进而参透其中的道理，然后才能渐渐走向成熟。所以，你有几分把握，就要有几分坚持。这跟听话不听话是没有关系的。

光有志还不行，还得立对方向，要是好志向才行。其实中国人最好的志向就是为公不为私。但是有一点我需要在这里强调一下，真正自私的人都是不自私的人。为什么这么说？自私的人最后往往达不到自私的目的，所以这里的"不自私"，不是动机上的不想自私，而是结果上的不能自私、自私不了。

二、有无过人胆识

立好志之后，还要有胆识。"要能自己拿定主意，就必须有胆识，能因时、因地、因人、因事作出合理应变。"我们今天也会谈各种"识"，比如见识、胆识、知识、常识，其实和古人讲的不太一样。古人所谓的"胆识"，包括了前面所有这些，它们合起来就是胆识，胆识是综合性的。一个人如果没有其他这些"识"，是根本谈不上有胆识的。没有知识，你敢有胆识吗？没有常识，你谈什么胆识？没有见识，你有胆识又有什么用？而且最终的考验也是"胆识"。

有胆识的人最大的特点就是行事果断，能果断决策。因此要"博采众议，不主观武断"，也"不能以自我为中心"。现代人最大的毛病之一就是爱以自我为中心，动不动就说"我负责"。你负什么责？你有什么能耐负责？你现在嘴上说说，到时候就闪人了，不管也不顾了，所以说这种话是没有用的，一定要能"果敢决断，不草率、不鲁莽"。曾国藩也曾经"当断不断，反受其乱"。他42岁在家守母丧的时候，就曾经患得患失，不肯出来率领湘军，怕出来之后别人会骂他不孝，最后差点丧失机会，不过他这样担心也难免，也属人之常情。因此一个人不能太坚持自己，否则就叫"刚愎自用"，但是也不能太软弱，否则就是犹豫不定。怎么把握好中间的度，取得平衡，就需要自己去悟、去体会。

所以一个人当然有必要考察时机，考察当时的形势，但是最要紧的还是要有判断力。现代人的判断力是很差的，七判断八错。要想能准确判断，至少要做到"知己知彼"，方有可能"百战百胜"。

由此，想必大家也不难看出我们现在最需要的是什么。自然是"识见"，也就是合理的应变力。

三、有无持久恒心

第一，你要有意志。第二，你要有胆识。第三，你还要有恒。什么叫"有恒"？就是要专心，要长期坚持，而不能有始无终、有头无尾。有头无尾是最糟糕的，但也是最常见的。偶尔一次坚持，偶尔一次表现出应变力是很容易的，要长期这样做，却是非常困难的。这一点可以说是把成功者与普通人区分开来的最大原因。

‖ 第四节 ‖
哪种人才合你意

什么叫"人才"？现在这个社会，会赚钱的人可以叫人才，会打篮球的人也叫人才。曾国藩却说，心存仁义、肩负重任的人，才有资格叫人才。一个人的人格表现在，他为大众做了哪些事情，而不是他为自己争了多大名誉，得了多少利益。这两个判断标准明显一个是为公，一个是为私，我想这是我们现代人应该感到羞愧，也是值得我们好好反省的地方。对于人才，有很多种分类方法，其中比较普遍的一种分类，是以才德为标准划分的四等人才。

一、四等人才

第一等人才，有德有才。这种人很难找到，不得已就只好求第二等人才，有德无才者。这就是为什么在中国经常是没有才的人居高位的一个重要原因。

有德有才的人当然最好，大家肯定都会承认，也会比较心服口服。可是如果没有第一等的人才呢？那就只好退而求其次，选有德无才者。所以很多老板会说："我宁可招可靠的人，没有才，还可以训练，这相对比较容易。"凡是能够在企业界实施的东西，没有一件是高深莫测的。生产技术一般都比较简单，因为如果它不够简单就没有办法量产，没办法量产，那它就只能待在实验室里，不能广泛运用。实验室里的生产技术可以很复杂，但是如果要放到生产线上量产，就必须很简单，要能一下子就学会。所以年轻人如果看到有些企业说要什么专业人才，也不要害怕，因为这些技术一般都会比较容易学，不会很难。但是要品德好就很难，要把原本不好的品德改好，就更难。无才的人在中间，有才的人在两端，有才者要么是第一等，要么是最后一等，这其中的决定性因素就是道德，是否有道德、有德行，是否能以德服人。

第三等人才，无德无才。第四等人才，无德有才。同样无德者，无才胜有才。所以很多老板会更倾向于用无才者，而非有才者。最可怕的就是无德有才的人，这种人很有才能，但是没有品德。我问过很多老板为什么第三等和第四等人才要这样排，同样无德的人，应该有才的人比较好才是。他们说："我告诉你，如果我用第四等人，一旦他整我，我就垮了；但是如果我用第三等人，就算他整我，我也不会垮，至少没有那么容易垮，因为他没有能力，实力不够。所以同样无德，同样不可靠，我宁可用没有能力的人，这样还比较安全，我也比较不容易被害。"如果一个人没有道德，那么才能对于他而言，就很可能成为"帮凶"，这种情况下，有才能者会比无才能者更具破坏性，会带来更严重的灾难。

二、三类人才

曾国藩对于人才也有独特的分类方法，他把人才分成三类，而且他都会做上特定的记号以示区分。

► 闻可

听别人说可以或者不错的人，有人推荐或称赞的人。一个人既然能有很好的口碑，名声在外的话，那必定有其过人之处。但也不排除谣传或者别人认为有才而他并不觉得有才的情况，因此还得自己亲眼见了之后再做进一步判断。

► 见可

他亲自看了之后觉得可以用的人，确切地说是经过面试和考查后认为可用的人。这种人可以说已经通过了初步面试，而且还比较保险，也就是对于"他是人才"这一判断的失误可能性就比较小了。

► 闻否

听别人说不能用的人，或别人看了都普遍觉得不好，不能用，名声不好的人，肯定要么劣迹斑斑，要么按他的人才标准判断属于没有一点长处的人。这类人与贪而无耻、刻薄害民以及好色的人，一起被列入黑名单。但是，如若仔细一想，别人说不能用，也不排除存在恶意诽谤或刻意打压的情况，所以对别人的评价也不能轻易完全相信，也该抱着审慎客观的态度才行。

　　凡是有人求见，曾国藩都会立即腾出时间与之见面，通常他都会注视对方很长一段时间却一言不发，等来人走之后他会马上记录下其言语、气象，然后与其相貌进行对照。曾国藩就是这样慢慢积累出丰富精准的看人识人经验的，所以要练就一身识人功夫，也不是一朝一夕的事情，一切都得靠自己辛勤不懈的耕耘。

　　但是，如果只会识人，不会用人也没有用，那就只能去挂牌当看相的。知人还要善任，与善任相比，知人还相对比较容易，因为人往往没有那个度量，尤其是身为领导者，往往恨不得把所有功劳都归到自己身上，这是用人大忌，要全心举荐、培养人才也就更加难上加难。而有这种想法的人，就更容易丧失获得更大成就的机会。作为领导，只有把功劳让出来，才可能带出很多人才来，才可能"桃李满天下"。但话是这么说，道理大家都明白，真要做到，却是非常难的，因为这需要你有足够高的涵养，以及足够高的境界。

第五章
曾国藩的用人高招

曾国藩58岁的时候，左宗棠上奏皇上，这篇奏文很值得我们一看："刘松山本王珍旧部，臣十余年前即知之，而未之奇也。后由湖南从征入皖，为曾国藩所赏拔……臣尝私论曾国藩素称知人，晚得刘松山，尤征卓识……臣以此服曾国藩知人之明，谋国之忠，实非臣所能及。仰恳天恩，将曾国藩之能任刘松山，详明宣示，以为疆臣有用人之责者劝。"

王珍是湘军的头领。前面提到过，湘军不是曾国藩而是罗泽南创立的。罗泽南的大弟子就是王珍。左宗棠请求皇上下令让全国的大臣一起学习曾国藩的知人用人之道。要知道左宗棠是不服任何人的，他曾经说自己是当代的诸葛亮，而且比诸葛亮更厉害，大家想想看，他还会服谁？可是他现在这样诚心诚意地上奏皇上，号召所有人都向曾国藩学习。曾国藩有多厉害，由此可见一斑。而且前面也讲过，毛泽东、蒋介石也都不约而同地赏识和崇拜曾国藩，这就更说明他一定有独到之处。接下来，我们要详细讲述的就是他这些独到之处中很重要的一点：善于任用人才。

第一节
攻略：是人才就吃这一套

一、人才始终是头等大事

关于人才问题，曾国藩对自己有几个基本要求。第一，重视人才。这可以说是一个当领袖的人必备的条件。现在有很多人根本不重视人才，为什么？因为他们认为"天下我最行"，别人都是白痴，这种人不可能是好的领导。凡是看其他所有人都不如自己的人就要小心了，因为你自己一定存在很多缺失，这时候你肯定已经听不进任何人的话了，不能集思广益，自己的问题也会越来越多，越来越严重，后果自然不堪设想。而且你看不起所有人，有没有想过别人的感受会怎样？

曾国藩后来的理想和目标就是希望大清能够自强，这种自强的思想在清朝末年发展成为很重要的洋务运动。中华民族到了清朝末年，老实讲是很凄惨的。你看中国历史看到清末，就好像看《三国演义》看到关公死了，看到刘备死了，然后诸葛亮也死了一样，这时候你还会想看吗？你就不想看了，因为看了会难过，心里会不好受。可是能怎么办？怨叹有用吗？没有用，一定要自立自强才行。所以曾国藩除了平定太平天国运动以外，他还极力推行自强运动。

他认为："自强之道总以修政事、求贤才为急务。办事总以得人为主。"自强首先要做的事情是什么？是把政治搞好。老实讲，我们现在很多人都是在麻痹自己，说什么"政治和经济可以分开"，我是绝对不相信的。这绝对不可能，尤其对于中华民族而言，因为我们永远是政治挂帅。政治搞不好，其他都免谈。因为我们是官本位思想为主，所以一旦有任何风吹草动，我们就会骂当官的。我在台北的时候，房价很高，老百姓就骂了："房子这么贵，政府在搞什么？"我到高雄之后，房子很便宜，老百姓又骂了："房子这么便宜，政府在搞什么？"不管怎样，都跟政府有关系。大家再看看现在考公务员的人数和报考比例，竞争那么激烈也还要削尖脑袋往里挤，更别说有人给你做官的机会了，那肯定不管是什么官，立刻冲上去。这都是到今天仍旧没有改变的事情，因为我们从一开始就是官本位。所谓"士农工商"，"士"永远是在社会上担负着最大责任的人。

办事最要紧的是要得人，得人得什么？得人的心。自古以来都是"得人心者昌，失人心者亡"，历代的兴亡更替莫不如此。曾国藩清楚自己要做的事情很重大、很艰难，肯定也不是他一个人能够完成的。所以他必须知道人才在哪里，怎样找到他们，怎样培育他们，怎样用他们，以及怎样让他们得到更好的发展。只有这样，才能使他的事业越来越庞大，从而使他一步步接近并完成他的使命。他一生中最大的特色就是知人善任，而想要做到这一点是极其不容易的。

二、自立立人，自达达人

除重视人才以外，还要自立立人，自达达人。"立者，发奋自强，站得住也；达者，办事圆融，行得通也。"曾国藩说："吾九年以来，痛戒无恒之弊，看书写字，从未间断，选将练兵，亦常留心，此皆自强能立功夫。奏疏公牍，再三斟酌，无一过当之语，自夸之词，此皆圆融能达功夫。"

我们现在讲"立法"，却不怎么讲"立人"。"自立立人"，就是说你首先要发愤图强，看书写字，进德修业，无论如何都要先让自己站得起来，让自己像个人，然后也要让别人像个人。把别人当人看，这是最要紧的。一个人如果总是自以为是，总是觉得自己最行，处处都想显示自己有多能干，那他肯定是容不了别人的。很多老板总是认为全公司就他最行，其他人都差劲。所以就有很多员工向我抱怨："我们老板什么都好，就是喜欢千方百计证明我们这些人统统都是白痴。"这种老板最大的本事就是把能干的人在短期内统统逼走。大家想想，楚汉之争，为什么最后刘邦会成功，项羽会失败？一个很关键的原因，就是项羽总是以自我为中心，最后逼得他手下几乎所有能干的人都一个个地走掉了，而刘邦礼贤下士，所以能得众多能人相助，终成霸业。

当年阿斗被赵云拼死拼活地救回来以后，刘备立刻把阿斗丢在地上骂道："就为了你这小孩，害我差点儿损失一员大将。"我们现在一般人哪里会这样做，好不容易把孩子救回来，肯定马上抱得紧紧的，说的第一句话一定是"快拿小儿惊风散"。只管自己的宝贝儿子，却把功臣晾在一边，没有任何表示，那很多人都会心寒，最后肯定所有人都会跑光。你这样对人，谁还会跟你？而刘备这样一说，其他人听了就都会下定决心：以后阿斗有难我肯定去救他。

所以，以自我为中心是最要不得的，我们一定要尊重所有跟我们共事的人。尊重与重视，可以说是跟别人共事与合作的前提和保证。

"自达达人"，这个"自达"是说做人办事圆融，使凡事都能行得通。说话做事小心谨慎，不自夸自大，这才叫圆融。"达人"的本意是，我守规矩你也守规矩，也就是说，我有规范，然后让别人在这个规范内能够最大限度地发展自己。绝对不能完全约束一个人，否则他的才能、潜能都会被扼杀，而你也会很累；但是，也不能完全让一个人自主，因为一旦他超越底线，超越规范，你就很难再控制住他了。所以，"达人"的意思简单来讲就是，我自己有一个原则，我不会逾越这个原则，我在这个范围内活动，但是我也有弹性，也容许每一个人自己立规矩，大家如果都同意就可以生效。所有人都在规矩以内，但是又可以根据情况有变化。

三、无为而治，以诚相待

另外，一定要以诚相待。既然你重视他，你要与他相处，你就要很真诚地对待他。但需要注意的是，"无为而治"并不是说从一开始就如此，一开始就"无为"，那肯定是行不通的。大家想想看，假设你带一班人，如果刚开始你就"无为"，什么都不管，都不过问，那别人怎么知道要怎么做呢？而且如果任由下面的人折腾，那最后会发展成什么样子呢？

所以后面还需要加四个字，"因势而变"。这样才叫"由有为到无为"。一开始还是要"有为"，然后慢慢放手，慢慢让下面的人更独立地做事。当下面的人能把一件事情做得很好，你自己也很放心的时候，你才可以无为，你才可以把事情交给下面的人做，但你还是不能马上公开明确说授权。用闽南话讲就是要"每样知道，不管半样"，什么都知道，公事甚至私事，无所不知，但是又什么都不管。你不能管，因为老板一管，下面就没有人敢管了。但是如果作为老板你很多事情都不知道，那就会很危险，因为下面的人很可能背着你为非作歹。所以当老板的人，一定要有耳目，下面的人如果知道你什么事都知道，他们就会好好做。而且耳目要有很多，不能只有一个，如果只有一个耳目，他就很可能会骗你了，你要多听几个人的说法，才更可靠，更接近事实。

如果对外国人说这些，他们是完全听不懂的，因为他们不是这种做法。外国人多半公私分明，"这是他的私事，所以我不管"。而中国人没有很明确的公事私事之分。比方说，员工打麻将，这是公事还是私事？老板会说是公事，而员工却说："我是下班之后打的，而且我赌的是自己的钱。"老板就会说："你这样迟早会把公司拖下水，所以绝对与公司有关系，绝对是公事。"

其实，我们长期以来把"真诚"两个字理解错了，真诚并不是实实在在地把心里的话全说出来。因为根本就没人能判断和界定真实。"真"和"实"是两码事，"实"不一定"真"，"真"也不一定"实",那实际的情况是怎样的呢？通常一件事情发生之后，十个人讲这件事，都会讲得不一样，这就叫"罗生门"（日本著名导演黑泽明的代表作）。哪一件事情不是"罗生门"呢？你看到的是这部分，他看到的是那部分，然后每个人都加上各自的想象，讲出来的事实就会千奇百怪、五花八门，让人莫衷一是。所以在西方社会，真理越辩越明是真的，而在中国，"真理越辩越明"就是不可能的事情，用闽南话来讲，就是"不讲还好，越讲越花"。没有一件事情是最后有结果的，吵到最后就会不知道谁对谁错。这是我们必须要面对的真相，是没有办法逃避的。

我们反复说过，中国人的事情就是这样讲也对，那样讲也对，两边讲都是对的。比如一方面说"根据规章制度，这种事情绝对不可以，绝对不允许"，另一方面又说"你那么严格干什么？规章制度必须与时俱进，必须灵活变通"，无论怎么说都有理。所以在中国有另外一套做法，这套做法是什么？就是最后要有一个人拍板定案。这就是"以人为本"，与西方的"以法为本"完全不同。中国的"法"往往很难执行，一条法律公布出来，十个人就会有十种解释，而且每种都讲得通，所以需要有一个权威的声音来确定最终标准、最终结论。

四、适才适任，妥当安排

每个人的优点和所擅长的事都是不一样的，所以对于任何人，只要用对了，他就是人才，没用对，他就是庸才。因此要善于发现一个人的长处，并想方设法创造机会和条件，让他的长处得到最大程度的发挥。依据每个人的志向大小与才能高低，授以不同职位。除此之外，还可按照不同的专业，不同的需要等，妥当安排任命，务求科学、合理、有效，这样才能最大程度地发挥人才的才能，创造最大的能量与价值。

五、适时交心，真诚不欺

此外，还要和人才适时交心。"满意的人才上缺，可以占用其次，加以教育培养。"就是说一个人很有能耐，本来应该居高位做大事，可现在上面没有空缺，那就退而求其次，暂时委屈他一点，同时悉心栽培他，而两人彼此心照不宣，"你就在这里好好做，我不会亏待你，一有合适机会我马上把你升上去。但是没有机会你也不要怨我，大家到时候看着办"。彼此很真诚，真心不欺，就好像水一样淡而绵长，正所谓"君子之交淡如水"。这才叫"交心"，而不是说一天到晚都要在一起，那完全没有必要。我了解你，你了解我，我们必要的时候再互动，不必要的时候各安其位，各自做好自己的事情。需要注意的是，交心一定是双方面的，而不可能是单方面的，必须要两个人自愿配合才可能达到。

六、"以志帅气，以静制动"

最后，用人者还必须做到"以志帅气，以静制动"。大家看到这个"帅"，可能会想到象棋里面的"帅"和"将"。那大家有没有想过为什么红军的叫"帅"，黑军的却叫"将"？红军和黑军又有什么不同？如果你想知道一家公司的老板是帅还是将，判断方法很简单。黑军的士象都没有人字旁，所以统统都被看作动物，而不被当人看，可是红军的就刚好相反，都有人字旁，都把人当人看。你不要以为这些是随便定的,象棋里面包含有太多的学问,只是我们很多人不知道。象棋里面有兵和卒之分,黑军的是卒,所谓"郁卒、郁卒",所以黑军的兵往往都很忧郁,而红军的是兵,往往都是喜气洋洋的。所以,如果一家公司的员工都很忧郁,不开心,那他们就一定是"黑军",反之,如果员工都是嘻嘻哈哈的,很快乐,也很轻松,那他们就是"红军"。而从员工身上再去看老板的心态,就会看得比较清楚、准确。所以当老板的也可以通过看员工的状态,去认识自己的状态。员工只要是"黑军",那你自己就要小心了,要赶快调整,否则跟你的人会越来越忧郁,这样,你的公司是不可能有很好的发展的。

  作为老板,还要很稳,要能以静制动,以不变应万变。如果整天跑来跑去,别人都找不到你,那就不行。有人可能会问:"我们不是要实行走动式管理吗?"是,走动式管理没错,但千万记住,刚上班那一个小时,临下班的前一个小时,你要在你的位置上,员工才有办法找你说重要的事,因为这通常是员工找领导就重要事情进行商量或需要领导拍板决定最为集中的两个时间段。关键时间你一定要在位置上,其他时间你跑到哪里都无所谓,那时候你再去进行走动式管理。

第二节

广收：先把场子做大再说

曾国藩非常重视人才，对于人才，他一直坚持四大原则。第一条原则，就是广收。曾国藩为什么能"广收"？因为他场子大，如果场子不大，他广收有什么用？怎么去广收？所以他才敢说："凡天下英才都来，我容得下。"他如果容不下，也就不敢说这种话，而且他是诚心接纳各方人才，非常尊重人才，所以别人才会愿意去投奔他。

一、广收人才靠"同"缘

曾国藩是怎么广收人才的？说到底就是一个"缘"字。我们是同乡，这就是地缘。我们是亲戚，这就是血缘。我们是同行业的，那就是业缘。还有一个他缘，就包括所有其他关系在内了。那么这几个缘中哪个最重要，哪个最好？答案是不一定。

> 我有个朋友，他刚当主管的时候，认为同乡是最可靠的，所以他的班底都是湖南人，全都是他的老乡。他后来调到另一个机关，还是当领导，结果他手下没有一个讲湖南话的人。我就问他怎么突然这样做，他说同乡就是专门捣蛋的，所以这次一个同乡都不用，可是最后

还是搞得一塌糊涂。之后他就跟我说:"只要这个'同'字。不管是什么缘,只要加上同道就对了。同乡里面会有同道的,同学里面会有同道的,别人介绍的人里面也会有同道的,只要同道就够了,就好办事了。"

有一位老板跟我说,他现在找人的方法很简单,就是先考对方《弟子规》,如果不会就免谈。这就是他找同道的方法。每个人都可以找一个合适的检验项目,至于具体是什么,就需要你自己来确定。

台湾有一家公司,最后录用的都是穿白袜子的人,凡是穿杂色袜子的人一概不录取。大家可能会觉得这很不公平,表面看起来他们甄选人员的标准完全是形式上的,显得很不科学,但这家公司在台湾发展得很好。我也问过这家公司的领导,我说:"你怎么可以这样,人家不知道你这规矩,穿了杂色袜子,你就不予录取,这不公平啊。"他说:"就是你这句话。如果一个人想到我们公司来,他连这都不打听一下,那就表示他没有诚意,我们公司又不神秘,他一打听就能知道,穿白色袜子来就好了嘛。"他还说:"我们要求大学毕业,来应聘的都是大学毕业的,所以大学毕业不重要;我们要求身高160厘米米以上,来的人也都是160厘米以上,所以身高也不重要;我们要求体重多少公斤以下,来的人也通通多少公斤以下,所以体重也不重要。那我还能考什么?

就只能看他有没有穿白色袜子。"所以同道是最要紧的，不同道就会很麻烦，可能会成为你做事的阻碍，而不是帮手。

湘军刚开始的时候不过一两万人，太平军却是雄师百万。可是经过十二年的对峙，湘军由弱转强，由寡变众，太平军却慢慢"萎缩"了。从这一点我们就能看出，太平军不是被湘军打垮的，而是被他们自己打垮的。太平军的败，原因多半出在他们自己身上，所以我们常说一个人最大的敌人其实是自己，而不是别人。只有他自己能把自己打垮，别人都打不垮他。同样，一家公司会垮，也主要是它自己的问题，而不是外面的压力，那些都只是借口，或者说不是主要原因。湘军为什么发展这么快？就是因为它广收人才，"不管你是谁，只要你表示愿意跟我们同心协力就可以"。"同心协力"这四个字很重要，这表示我们有一个共同的目标，"你可以加入我们的行列中来，成为我们中的一员"。它没有太高的门槛，而是有一个共同的目标将所有人吸引、凝聚到一起。

曾国藩每到一个地方，就广为寻访、延揽当地人才。一方面，自己主动去找；另一方面，贴告示寻访英贤，对自荐或举荐他人都表示欢迎。

"求才之诚，用人之实，几百年来无人可及"，他求才、用人的诚意，几百年来找不到第二个。当年刘备为了请诸葛亮出山，三顾茅庐，确实很有诚意，可是后来庞统去找他的时候，他就爱理不理，开始摆架子了。其实这两个人都是来考验刘备的，"你真的是一心求才吗？到底是真是假？"而人经常是经不起考验的。所以，你如果想要求人才，那么，先问自己诚意够不够，真不真？这是首先需要保证的。

曾国藩把网罗人才当成自己的重大责任，只要一发现人才，就势在必得，想尽办法一定要得到他。这一点也可以证明曾国藩一生读得最透的书之一就是《三国演义》。三国可以说是我国历代人才最聚集的时代，什么样的人都有，什么样的变化都出现过，里面有各种人、各种情形和境况的案例。《三国演义》和前面我们反复提到的《易经》这两本书，大家如果能一辈子慢慢去品读，一定会增长自己的智慧。

二、曾国藩的内外优势

曾国藩一生得以网罗那么多人才，也不是一般人所能做到的。他能做到这一点，无疑是有他特定的优势的。

► **有稳固靠山**

一个人如果没有靠山，就最好不要大刀阔斧地做事。自己连站都站不稳，又怎么能做得成那些需要大勇气、大智慧的事情呢？如果无论你做什么，上层（上级）都怀疑你，那你还怎么做事呢？

曾国藩最大的靠山，满族人是穆彰阿穆中堂。穆中堂是谁？就是曾国藩考试时候的主考官，以前考取功名的人都要拜当时的主考官为师，做他的门生。穆中堂很赏识曾国藩，所以曾国藩能常常到他家走动。穆中堂是满族官员中少数懂得欣赏书画的人之一，他搜集了很多古物。中堂这个官也算不小了，按理说他收藏的东西，应该都是真品，不过如果有假的，那也是有可能的。因为现在就有很多人挂的画是假的，但是他一定是藏有真品的。

其实在美国，假珠宝是很畅销的。但是大家不要以为美国人真的都只买假珠宝，他们往往是用很高的价钱买真珠宝，把它放在保险箱里面，然后买一个看上去一模一样的假珠宝戴在身上。为什么？第一，不用给一般人看真的。第二，万一被抢，也不会很伤心，这样他心里就踏实。中国人就不一样，比如你开一部凯迪拉克的车子，你最担心的会是什么？怕别人把你当司机。所以你就会一直说，"我买这部车的时候多少人在争，都争不过我"，你非说这句话不可，不然你就会很心虚。明明是主人，却怕被人当成司机，这才是中国人的真实心理，对此西方人是很难理解的。所以，任何东西只要加上"中国的"三个字，你对待学问的态度就会完全不一样。中国人的心思往往更细密，看得更久远、更深入，而且变化无穷。

穆中堂家里挂了一张仕女图，曾国藩去拜访的时候看到了也很欣赏，他问："我能不能靠近一点看？"穆中堂很高兴，就说："想不到你也喜欢这个，你看吧。"曾国藩看完以后就说了一句话："画得很好，像唐代的东西，可惜没有署名。"大家都知道，字画一定要有署名，那个署名才是最关键的。穆中堂也听得懂，但曾国藩能看出这一点是出乎他意料的，"这个人居然有这么高的修养，而且还这么胆大，敢在我面前说这种话"。他说："没有署名？我拿下来看看。"一看，真的像是明朝的东西，只是仿照唐朝的，而且仿得跟真的一样。之后穆中堂就留曾国藩吃饭，和他聊了很多关于书画鉴定的事情。这个故事告诉我们，一个人的知识要广博，才能有很多话题，才能碰到什么人讲什么话，这样你就可以四方交友，就可以拓宽你的交际范围。如果你只会讲一种话，懂一个行业的话，那你的眼界就会很窄、很狭隘。

曾国藩既然敢指出穆中堂的画是假的，可见他们交情很好。大家想想，如果换作是你，你到老师家看到他家墙上挂的一幅字画是仿的，你敢说吗？中国人说话还是要看交情的，交浅不言深。假如你的老板收藏古董，你到他家看了之后发现其中有假的，你不能张口就说："老板，你那古董是假的，你还搜集这么多干吗？这都是废物嘛。"不信你试试看这样说了第二天会怎样。所以与人交往的时候，真话也不是随随便便就能说的。

汉族人里面曾国藩最大的凭借则是洪秀全。没有洪秀全，曾国藩的场子也做不了那么大。为什么这么说？第一，如果没有洪秀全，他肯定不敢也不能练兵，否则朝廷马上就会问："你练兵是想干什么？"那他就有危险了。有了洪秀全，练兵就有了正当理由，他就可以招募更多的人，也可以带兵打仗，否则私人怎么可以有团练呢？第二，如果洪秀全的势力很小，那朝廷也用不着曾国藩，清朝的军队完全就可以应付了。因为朝廷军队应付不了，所以只好依靠曾国藩了。第三，如果洪秀全很快就亡了，那曾国藩也会很快跟着垮了，因为那时候他对于朝廷而言也就没有利用价值了。所以，洪秀全是他最大的敌人，同时也是他最大的凭借。

▶ 有良好信用

一个人的信用度很重要，因为人们会互相传告。正因为如此，所以最后所有人都知道曾国藩很好。对于人才，曾国藩不但会赏识，会栽培，而且会加以重用，会给他机会，也会为他创造机会，全力推荐他，让他的才能与潜能都得到很大程度的发挥。有了这样的好口碑，人才才可能愿意为他所用。

一不用人唯亲。什么人都用，但他们的待遇，以及对待他们的方式却不会有太大的区别，基本上一视同仁。不过从另外一个角度来讲，他必定还是会有亲疏感觉的不同。人不可能没有亲疏之分，我也不赞成当老板的就一定都要说自己的财产不留给子女这一类的话，我不主张这样。我们应该希望子女能够站在自己的肩膀上做得更好才是。

二不嫉妒贤能。很多领导是嫉妒贤能的，只要你做得比他好，他就会觉得脸上无光，他就想把你除掉，那你就惨了。英雄是什么？英雄就是悲剧人物。梁山一百零八条好汉都是被逼出来的，都走得很辛苦，最后实在是走投无路了。比如林冲，一身的武艺，最后结果怎么样呢？很凄惨。不招安是死路一条，招安还是死路一条，朝廷怎么都不会放过他的。有才干的人往往更容易成为别人的眼中钉，处境也往往更艰难。而上级对下级要能做到不嫉妒，是需要很大的胸怀和度量的。

三不排斥异己。很多人经常会把不同意见的人排挤出去，这就是度量小，同时也就划分出帮派，划定范围了，这样场面怎么可能做得大呢？所以首先要有度量，能容人容事，"海纳百川，有容乃大"，说的正是这个道理。

▶ 有广大舞台

最后曾国藩的场子越来越大，人才越聚越多，势力范围越来越广，声势也越来越强，只要他一造反，清廷就完了。所以当时有很多人纷纷鼓励他："你干脆自立为王，为什么要这么辛苦呢？既然皇帝不相信你，你跟皇帝对着干好了。"可是他无动于衷，要能做到这一点是很不容易的。

曾国藩并不是天生就懂网罗人才、识人用人这一套的，他刚开始的时候也是很小心谨慎的，不敢随便推荐任何人，所以他推荐的人也很少。后来有很多朋友跟他说："你这样不对，你要趁现在的机会多聚集人才，多推荐人，最后就算清廷怀疑你，也拿你没有办法。"他听了之后觉得有道理，才开始慢慢改变作风，开始推荐人才。他也懂得用正牌、副牌。后来湘军就使用了正牌、副牌，因为当湘军队伍越来越壮大的时候，这还不够可怕，要命的是所有人都把曾国藩当老大的时候，朝廷的天子就受不了了，所以曾国藩就一定要有副牌。湘军是正牌，淮军就是湘军的副牌，这样才能避免别人说都是湘军的人。

但是曾国藩和李鸿章毕竟是两个不同的人，所以湘军和淮军最后的组织风格也完全不一样。这从民国以后就可以看出来，军阀里面只有淮军的将领，而没有湘军的将领。所以一个人的领导风格，其影响会很长远。可以说李鸿章造就了一批民国初期的军阀，而曾国藩领导的湘军，到一定的时候他将他们解散了。其实对于这一点，曾国藩也是深感愧疚的，"人家用最好的年华、最好的青春跟了我，打完胜仗以后我就叫他们回家，这说得过去吗？"但是任何事情都会有利有弊，你不可能只取其好，而不要其弊。因此你能考虑的不是有没有的问题，而是利弊多少的问题，然后选择利大于弊的方式，或者尽量放大利而缩小弊，"不要想有，不要想无，想加减就对了"。

　　现在很多公司其实也在用这种策略。如果一家公司市场占有率太高，别人就会说它在垄断市场，马上就会有人与它竞争。所以当它有产品出来以后，并不马上推出，而是再做两三个副牌。一种产品同时推出好几个牌子，别人一看就会想，已经有这么多家在竞争了，自己就不要再进去了，而事实上它们是一家。所以，这并不是我们现在才有的先进观念，古人其实早就已经在使用。

‖ 第三节 ‖
慎用：用错人后果很严重

　　为什么要"慎用"，而不能随意乱用？因为每个人都有他的"罩门"，"罩门"一般用来指一个人身上自己看不到的地方，但也可以指一个人区别于其他人的特殊之处。所谓的人才，是你用对地方，他就有用，用错了地方，他就没用，甚至还会给你惹麻烦。比方说一个很喜欢与人接触的人，却把他放在仓库当看守，那不是折煞人才吗？一个人如果一看就精于计算，那他往往就很会理财，你把他放在财务部门就一定没错。再比如，一个人做事粗心大意，你如果让他做会计，做出纳，那不是自找麻烦吗？因为这种人往往是不重细节的。所以，一定要很谨慎地安排各种人才，适才适用，才能人尽其才。

一、领导者的大事

"吾辈所慎之又慎者，只在"用人"二字。另外竟无可着力之处。古人说：'若从流俗毁誉上讨消息，必致站脚不牢。'侍平日短处，也只是在毁誉上讨消息。近则思在用人当否上讨消息耳。"曾国藩说领导者在用人方面必须慎之又慎，而且除了好好用人以外，根本没有其他着力点。古人说，如果只从一般的风俗习惯和坏话好话上讨消息，脚就一定会站不稳。因为同一件事情，会有人说这样，有人说那样，你就根本不知道该听谁的才好。

有一个父子骑驴的故事，讲的是有一头很瘦的驴，刚开始父亲一个人骑，大家就骂父亲："你自己骑驴，你儿子走路，你好意思吗？"父亲一想也是，于是就让儿子骑。可是大家又骂儿子："你爸爸跟在旁边走，你骑驴心安吗？"儿子觉得说得也有道理。后来就两个人骑，可又有人说："你们是想把驴累死吗？"所以两个人干脆就都不骑了，都下来走。有人看见又说了："你们这是干什么？有工具不会用。"这也对，反正怎么讲都对，最后他们已经不知道该怎么办才好了。

在中国社会，很多事情没有统一的标准，因为每个人所处的具体环境不同，经验不同，所以看法就会不一样。因此不能给中国人太大的自由，只能给中国人合理的自由，否则根本没有办法做事情，最后一定要有人拍板定案，给出最后结论、判定或决策。

一个人如果总是听别人批评自己这，批评自己那，因而很怕这样，又很怕那样的话，那这个人就很可能站不稳，总是调来调去，最后不知道如何是好。我们每个人一定要知道自己的短处，而这一般也都是通过别人的好坏评价去发现的。那么，了解自己的短处，检讨自己，改变自己是否一定就好呢？那要看你的出发点，看你改变的根据是什么。如果只是因为在乎别人的意见，因为别人说自己不好，那这种改变就没有太大价值。真正有价值的改变是根据主流价值观的改变，符合主流价值观就改，如果不合主流价值观，那么，不管别人怎么说都不改。这才是儒家所讲的"慎独"，一辈子坚持做自己，只要自己合乎天理就可以，因为不一定别人讲的就对。

曾国藩说，作为领导者，只应该在一件事上检讨自己，那就是有没有用对人，有没有把人安排在合适的地方，这才是领导者的责任。这句话对现在很多当老板的人而言，应该会是一个很大的启发。人才，你用对了没什么可说的，但是如果你用错了，还能怪谁呢？

"现成人才虽然稀少，只要在上者留意，讲求用人，则可陶铸人才而转移风气。人才的消长盛衰，在上者负很大责任。"其实每一代都有人才，只是人才永远是稀少的。如果人才很多，好不好呢？不一定好，反而还有可能会让天下更乱。现在教育虽然已经普及了，要培养出大师却更难了。而且整个社会的新问题仍在层出不穷地涌现，整个社会的道德水平甚至有下降的趋势，实在令人担忧。

人才虽然少，但是只要"在上者"用心，仔细留意，把这些人挖掘出来，然后再加以锻炼培养，就能慢慢改变风气。天下的风气是由少数人改变的，而不是大多数人。只要上面的人一改，下面的人往往马上就能跟着改。什么叫风气？就是一阵风过来，所有的草都被它吹得整整齐齐的，这就叫风气。"在上者"对于人才问题负有很大责任，所以"在上者"必须大力发现、推荐、培养，以及任用人才，从而形成人才济济、人尽其才的大好局面。

　　此外，还要借助人才，在全国范围内倡导君子之道。"君子之道"中什么最重要？忠诚。以忠诚为天下倡，在转移风气方面就能收到很好的效果。忠诚的首要要求，就是"在其位谋其政"，一个人在什么位置就要做什么事，尽什么责，全心全意完成自己的使命。

二、谨慎试用人才

　　"求才必试以艰危，用人当择以实效。"对于人才，必须要试，不试怎么知道他到底行不行呢？所以正式任用之前，一定要经过测试，经过考查。曾国藩采用什么办法进行测试与考查呢？这个方法大家可以作参考。曾国藩通常会先给对方少量的生活费。要想考查一个人，必须先让他吃好饭，否则他很难配合。有人可能会认为这就是我们现在说的"试用"，其实不是。很多事情一旦制度化，往往就会背离其初衷，没有用处了。现在的公司一般都有三个月试用期，可是最后呢？倘若试了之后觉得这个人不行，公司能轻易辞退他吗？不能，因为到时候他要么苦苦哀求，要么恐吓，要么利诱，公司能有什么办法？我们不是没有制度，只是无法执行。

曾国藩就不一样，他只是给对方少量的生活费，意思是"我也没有用你"。等对方一切安置妥当之后，他再亲自接见，然后详加观察，主要考查其能力与个性。他会安排对方在自己身边工作一段时间，通过自己的言教、身教，并对其加以一番历练，最后觉得合适才会任用。我们现在能做到这点吗？很难做到。因为现在的制度、社会不允许我们这样做，现在动不动就会有人窃取商业机密。所以一开始公司就要求对方签署保密协议，否则万一发生意外，就得吃不完兜着走。

曾国藩让他们从基层做起，由基层到中层再到高层，按实际表现给予升迁。这一点，台塑公司（由HTC掌门人王雪红的父亲王永庆创办）做得很好。在台塑，不管你是谁，都一定要从基层干起，你哪怕只干八天、十天，也要经历一下，这样你才能知道基层的苦处。否则你一来就当主管，完全不了解下面的人什么情况，你怎么可能做好事情呢？这样慢慢地走弧线上来才对。世界上最好的东西就是曲线，不是直线，凡是直线升上来的，最后结局往往都不会很如意。

另外，对初来的人要特别谨慎，因为你对他还不了解；但是深知以后，就要推心置腹，放胆重用。我们常说"疑人不用，用人不疑"，但前提是他要通过考验，你对他有了一定的了解，并觉得他可以信赖，而不是说看到任何一个人就从一开始疑人不用，用人不疑，那就太鲁莽，太冒险了。但是，当你完全了解一个人之后，你还不能做到疑人不用，用人不疑，那就是你的错了。

三、湘军招募原则

湘军的招募原则有这样几点，大家也可以作为招人时的参考。

第一，以农民为主。农民一般不善言辞，表达能力不好，很难自圆其说，可是很能吃苦，有干劲，有骨气。当年统一集团创业之初，所招募的人几乎都是中学老师，他们把台南县的很多中学老师招去当业务骨干，而在那之前中学老师要想进企业是很难的。当然后来不行了，社会情况变了，统一集团想维持这个风气也维持不了，但是最起码它的基础奠定得非常好。一家公司如果要招人，就要先把招募原则定下来，同时要想清楚为什么这样定。统一集团当时选那些中学老师就是因为他们实在，有干劲，因为"打仗"（这里指创业）是很辛苦的，不是整天光靠一张嘴就行的。

第二，原来的八旗兵、绿营兵通通不用。为什么？因为怕他们把原来那些坏习气带进来。现在有很多公司只要应届毕业生，不要有经验的，就是因为有经验的人可能已经沾染了一些坏习气，他们可能会把这些坏习气带进公司影响其他人。但也有公司专门要有经验的人，这就是不同的理念与不同的做法。

第三，不完全以才华用人，所用之人必须本质朴实，此为基础，始终坚持最古老的德本才末原则。这是中国人选择人才的标准，曾国藩自始至终都按照这个标准选用人才。

四、重德胜于其他

曾国藩说古往今来因为用才失败的，约占百分之八九十，因为用德而失败的却只占百分之二三十，为什么？因为品德修养高的人往往会畏惧别人对他的议论，他就会好好地约束自己；但有才能的人则往往过于自信，过于看重自己的能力而自视甚高，以致对他的诽谤、议论越来越多，最后没办法处理。所以有才能的人最后往往也可能死于才能。

自古以来不论中外，"精于刀者死于刀，精于游泳者死于水"，精于管理的人也经常会死于管理，为什么？因为他把管理看得太万能了。其实管理只是一种工具，真正的关键还是管理者的品德。凡是百年老店，其之所以能存在那么久，大多与德性有关，与技术、管理等的关系反而没有常人所想象的那么大。只是一般人并不真正懂得什么叫德性，也看不起德性，所以才会非常重视管理、技术和设备之类的因素。

给大家一个讲关于程学启的故事。他是太平军的勇将，不是湘军的人。他出生农家，自幼丧母，由奶妈养大。湘军攻打安庆久攻不下，曾国藩得知太平军最善战的就是程学启，于是很想挖墙脚，把他策反过来，就用《三国演义》的方法去挖他。我这里再次提醒大家，《三国演义》是一个非常丰富的宝库。曾国藩派人抓他的奶妈，然后逼他投降，这其实就是三国里面姜维的故事，姜维怎么都不肯投降，可是蜀军把他母亲抓去以后，他因为孝顺，同时也因为魏国人的不信任以及诸葛亮的赏识与信任就投降了。曾国藩对程学启也采用了同样的方法，最后程学启也因此归降湘军，被分到曾国荃部下。

换作是你，对被策反过来的猛将，会不会相信？曾国荃就不敢相信他，但是又需要用他，所以每次打仗都派他做先锋，可是回来之后又不让他进城，让他在外面，把粮食运出去给他吃。大家想想看，如果你是程学启，你会有什么感想？"你又怕我，又想利用我"，所以他几次想自杀，但是因为奶妈还活着，他不忍心丢下奶妈一个人才作罢。

最后曾国藩把他推荐给李鸿章，李鸿章的淮军后来发展得那么好，程学启的贡献其实非常大。当他被李鸿章用得很上手的时候，曾国荃又后悔了，跑去找他哥哥曾国藩说："那么好的人才你怎么给别人？你给我啊。"曾国藩说："来不及了，我现在不能从李鸿章那边又把程学启拉回来，那样我们家太不像话了。"我相信大家从这个故事和曾国藩的这些话里可以得到很多启示。以德服人才是最有效的赢得民心的方法，重用有德之士才是获得成功的关键因素。

五、"五到"考查标准

对于文官和武官，考查的标准也不一样，毕竟文武有别。文官要有操守，但是不能有官气，要有条理，不能说大话。武官要能服众，要不怕死，要不计名利，要能耐受辛苦。曾国藩根据不同的需求，以及人才的不同特点制定出不同的规范，然后分别对其加以要求。左宗棠是文人，他是不会带兵的，那他凭什么打仗？就是凭那些武官，武官们会打仗，但是左宗棠有谋略。谋略与阴谋、奸诈是不一样的，谋略主要表现在策略方面。

无论文官武官，只要能做到身到、心到、眼到、手到、口到，再加上为人忠义，曾国藩就破格提拔，或者极力推荐。

➤ 身到

你要亲自去现场了解一下，这就是我们现在所说的"走动式管理"。《易经》里面有个临卦，也是说你要亲自到现场去，直面事实与实际情况，自己去看一看到底怎么回事，别人说的不可尽信。

➤ 心到

心到是最难的。与人说话，首先要看他有没有用心在听，如果没有用心听，你就要少说几句，然后告辞，因为对这种人在这种情况下，你说什么都没有用。比如你跟老板说事情的时候，他开始翻桌上的东西，这时候你就要知道不要多说了。我曾经看过一个中医，他当时很有名气。我年轻的时候也很相信中医，我就去请他看病，后来我就不去了，为什么？因为有一次他给我开处方的时候，一手拿着单子，一手在算盘上拨弄，嘴里还说："这股票怎么跌了？"我听了之后就不敢再找他了，他万一给我开"台化三股"，那种药单子我怎么敢用？这就是明显的心没有到的表现。

➤ 眼到

眼到就是要亲自去看一看，看了一遍，再看一遍，看两三遍之后，你才可以基本相信。

➤ 手到

亲自去看的时候，还要随时做记录。曾国藩就非常重视这一点，他可以说随时随地都在做记录，并且做得非常好。大家不要太相信自己的记忆力，因为记忆很快就会忘记了。随身带一个小册子，随时记，需要用的时候可以随时翻，这样不容易出错，正所谓"好记性不如烂笔头"。

➤ 口到

虽说不能随便说话，应该慎言，但是该说的话还是一个字都不能少，有时候你少讲一句话、少说一个字，就可能把事情弄得一团糟。因为语言是无限的，它本身的意义无限，人对它的理解也无限，所以如果该说的话你不说，或者不说清楚，那就可能导致麻烦不断，后患无穷。

总而言之，如果一个人经得起你前面这些严格的考查，又真的很忠义，你就可以提拔或者向上推荐他，肯定不会有问题。

但是在现实生活中，如果有人要大力提拔你，甚至破格提拔你，你敢不敢接受？我们已经看到过很多这样的例子，当他要破格提拔你的时候，就是准备把你送到监狱里去了。当他很信任你的时候，就会开始让你帮他做坏事了，而你还觉得很荣幸，最后的结果只能是进监狱。所以当有人要破格提拔你的时候，要赶快看这个提拔你的人是谁。有些人赏识你，你可以接受，但是有些人赏识你，你还是赶快溜为妙。不是次次一有机会就一定要把握住。

曾国藩是把人才安放在适当的位置，必要的时候还加以合理扶植，适当满足他们升迁的需求。但是现在呢？很多人恰恰不想升迁。有人跟我说，以前的人都不想退休，巴不得多干几年，现在大家都想早点退休，每天都在等，都在等到能退休的时候就赶快溜，这是当今社会上一个不太好的现象。

‖ 第四节 ‖
勤教：栽培一个人不容易

用闽南话讲，勤教就是牵教，边牵他边教他，边带他边教他。你如果赏识一个人，就不要浪费他，要用心培养他，好好带他，好好教他，帮他把缺点慢慢修正过来，帮助他成长进步，使他能更好地胜任将来的职位。而且你带得越久，对他越了解，你就越能充分发挥他的潜能，他也会更配合你，你们之间就会越来越有默契。

一、勤教四大方法

▶ 教化

前面我说过，现代人只懂得教育，不懂得教化。我们现在也没有什么教化，只有教育，一天到晚都在谈教育，很少有人能体会到什么叫教化。而且即便是教育，也已经不像真正的教育了。

台湾以前有酒家，现在也还是有的，只是名称变了。我第一次上酒家是谁带我去的呢？我爸爸。我记得当时我还对我爸爸说："我是读师范的，我能去吗？"他说："我带你去，你就去。"回来的路上我又问他："你为什么带我来？"他说："我带你来，是要让你知道社会上有这么一种地方，你要知道该怎么去面对它。如果我不带你来，你自己鬼鬼祟祟地跑来，那更糟糕。"另外，我不抽烟，也是我爸爸的功劳。我爸爸是抽烟的，他每次要抽烟，就叫我给他点烟，那我自然有时候也会跟着抽。可是我一抽，就觉得"哇,怎么这么难抽"，刚开始我不敢说，后来还是忍不住问他："烟怎么那么难抽？"他说："你才知道。我就是因为戒不掉才痛苦。"就这一句话，我从此再没抽过烟。这就叫教育。而不像现在，现在很多教育不够智慧，没有艺术性，这对于现代人而言其实是非常严重的问题。

除了教育，我们更需要教化。所谓"化"，就是所有人跟你在一起都会不知不觉地受到你潜移默化、无形的影响。你周围的人主动去改变自己，而不是你硬性的规定，不是你逼迫他，不是你立下规矩要求他，也不是你要考核他。他跟你跟久了以后，慢慢变得跟你一样，这就叫"化"。"化"是很难的，要"化"就得以身作则，起表率作用，如果只是不断地在口头上讲大道理，即便是苦口婆心，也仅仅只是教而已。

人们常说"经师易得，人师难求"。"经师"是指严肃、严谨、严格地对待教育教学工作，不"误人子弟"的合格教师，他们把教师职业作为一种谋生手段。而"人师"则是以自身人格魅力塑造学生的人格，以自己的德、才、情给学生以潜移默化、终身受益的影响和感化。所以经师兼人师才谈得上教化学生，也才是真正的好老师。

> 甄别

曾国藩接见过一个人以后，事后都会做一个记录，就好像我们现在接见完一位客户，就要做客户资料表一样。他见完一个人，回来就会标上一个特定的识别符号。比如凡是打三角形的，就是不能用的；凡是打圆圈的，就表示这个人可以用；凡是打两层圆圈的，就代表这个人非常好；如果是一竖或者一点的，那就是根本不用谈，可以直接打入冷宫，这种人完全不能用。他做这些记录，就是为了不让自己的脑子一片混乱，对见过的所有人的情况都能心中有数。那么现在我们一般人能这样做吗？不能，因为有人会专门去偷看我们的记录，一旦曝光就可能得罪很多人。

我当预备军官的时候，我们的主管会专门考核我们，他会把每个人的资料都写得清清楚楚的。那次，我被分到澎湖，我们一批人从高雄出发去往澎湖，结果主管晕船了，吐得一塌糊涂，我们却没有一个晕船的。于是就有人趁机把他考核的那些资料偷出来，大家一看："哇，你说我这样不对，说我那样不对……"所以很多事情我们必须结合实际情况做合理的调整。以曾国藩的声势，他做那种标记、那些记录，他够分量，而我们一般人就要特别小心。每一个人都要斟酌自己的情况，你该怎么做，自己去衡量、拿捏。

曾国藩把所有人才加以分门别类，然后使他们各有专精，各尽其才。他有那么大的需求，也有那么大的用人权和推荐权，所以愿意到他门下的人才不计其数。正因为人多，因为他有不同种类的人才需求，所以他有必要专门进行人才的分门别类。

► 保举

"凡办大事者，以选拔替手为优先。"这就告诉我们，如果你是总经理，就要跟所有的部门主管说："你们要升迁可以，但得先把接班人给我培养出来。接班人培养出来了，我认为可以，大家也都说可以，你们就升迁，否则你们就只能留在原位。"当时李鸿章、左宗棠就都是先把接班人定好，然后告诉曾国藩让他放心，言外之意就是，"如果有更好的机会，你可以考虑我，因为我下面会有合适的人来接替我的职位"。

► 超擢

"超擢"，就是特别拔擢，破格提升。姑且不谈其好坏，首先一个问题是我们现在做得到吗？以前的大学校长敢请钱穆，要知道钱穆是完全没有学历的，可他就敢把钱穆请来当大学教授，现在谁敢？最近就发生过这样一件事，有一位小学老师，所有家长都说他好，广大社会人士也都说他好，都希望他去教中学生，但是他去了之后就是无法通过考核，不符合规定，最后这件事闹得很厉害。家长们就说："你们这个算什么规定？像他这种人才应该破格录用才是。"这就是中国人，一方面告诉你要守规矩，一方面告诉你不能死守规矩；一方面告诉你要有制度，一方面告诉你这个制度不算什么。我们现在是学历至上，只要有学历，不管你有没有实力都无所谓，但是如果没有学历，你就很难突破，这是现实问题。凡遇破格提升，一定会有人打问号"你是不是收了红包？他是不是走后门？是不是上面交代的？"各种各样的质疑、谩骂就都来了。可是有时候你如果不破格任用一个人，又有人会说"你没有眼光，没有魄力……"所以无论怎样都很难做。

二、这样才叫勤教

► 课读

就是鼓励大家多学习，向古人学习，向今人学习，总之要花很多时间和精力做学问。曾国藩自己是真的做到了，他没有一天不读书，就连带兵打仗的时候也一天都不间断。

► 历练

人才必须要接受历练。其实"历练"最好换成"磨炼"二字，因为只有"历"没有"磨"是不行的。一定要经得起磨，磨了以后你才会有很深刻的印象，你才会有丰富的经验。而且最好是磨掉几层皮，那你这个人就了不起了。曾国藩会让人才在实际工作中接受磨炼，涵养性情，以及增长才能。而且他还会因材施教，对其给予相应的培养与教导，好好任用对方。由此可见，要栽培一个人，真的很不简单、不容易，你一定要很用心，花很多心思才行。

► 言传身教

每天的言行举止都要以师者的立场，对所有跟随自己的人进行潜移默化的教化。

以上这三点都以关怀、爱护为出发点，也就是说是为人才好，而不是为自己好。我们不应该庆幸自己有人可用,而应该常怀人才难得之心,从而给人才以充分发挥的空间。能够做到这一点,才算得上真正的大公无私。

第五节
严绳:治军治民都必须严

曾国藩曾经被人骂为"曾剃头",可见他手很狠,该处罚的时候绝对不客气。他会很细心地制定各种规范、规矩,并且务求合理。而一旦制定,就会严格实施,只要有人违反,他决不姑息,坚决执行处罚,丝毫不留情面。所以作为一个领导,一定要恩威并济,不可以好到底,好到底就变成了烂好人,也不能坏到底,坏到底就是硬心肠,那肯定不能得人心。

一、曾氏家训八字诀

曾国藩有家训八字诀,分别是早、扫、考、宝、书、蔬、鱼、猪。这八个字让曾家得以长期保持农耕生活方式,子弟勤奋好学,家风严谨和善又朴实。

第一,早。为什么我们说茶不能喝隔夜的,隔夜茶真的会坏吗?其实不一定,只是古人为了不让媳妇晚起,才想到用这种方法让媳妇早起。所以要了解中国人的事情，一定要花一点功夫了解中国文化。平时我们很多说法可能都是假的，并不是真有那么回事，但它们有它们的作用。很多事情、很多语言，尤其是古人传下来的，都可能有它独特的用意。我们一定要早起，因为自然的规律就是早睡早起身体好。曾国藩一生以身作则，每到黎明就起床，一天只休息四五个小时。

曾国藩出生农家，所以他习惯早起。李鸿章就不一样了，李鸿章家里很富裕，他从小就不习惯早起。所以李鸿章刚开始跟着曾国藩的时候，也很不习惯。湘军那时候每天早上五点都会放醒炮，就是为了叫醒大家，随后所有的高参要一起吃早饭，曾国藩认为这样才比较有团队精神。其实一直到我们当兵的时候，早饭都还是一起吃，那时候我们没有桌子，就在地上围一圈，然后就地把早餐端出来吃了。可是李鸿章就是起不来，每次派人去叫他，他都会找借口，"我肚子痛""我昨天晚上睡得太晚了"。那么曾国藩是怎么处理的呢？有一天早上，他派三个人轮流去请李鸿章，说："请到他来才开动，他没来，我们统统不开动。"所以李鸿章到的时候，就很难为情，曾国藩没有说他，但是也没有任何表情，一句话都不说，于是大家就都低着头默默地吃饭。

经过这么一次之后，李鸿章从第二天开始每天都准时起，再没有迟到过一天。你骂他没有什么用？可是你不管他，行吗？所以只能用这种方法。其实夫妻吵架的时候最好也是用这种方法，不说话，一说话就完了，因为那时候无论你怎么说都是不对的，都是多余的。不说话，气氛自然就会慢慢缓和下来，就会解开那个结。不该说话的时候，不说话其实是最好的应对方法。

但是李鸿章要离开湘军的时候，还是对曾国藩说了一句话，他说："你做什么我都佩服，就是勉强我们早起一起吃早饭这点，我很不理解，能不能有点弹性？"大家猜曾国藩是怎么说的？曾国藩马上答应说："可以，从明天开始，取消早餐。"但是下面那句话他没有说，"各自料理"。所以后来所有人都骂李鸿章，"你不说话我们天天还有公家的饭吃，你一说倒好，你走了以后我们还要花钱买早饭"，最后又把他逼回来。他就只好再去找曾国藩说："我之前的建议不对，还是恢复早餐比较好。"这就是曾国藩的一套带人的方法。我们学历史就是要学这些道理，然后放到实际生活中应用，这样活学活用才有价值。所以，千万记住，该放的要放，该紧的要紧，该说的要说，不该说的不说，因为有时候不说话比说话还有威力。

第二，扫。要干净，要整洁。其实扫地也是一门学问，不是那么简单的。一个人能够把地扫得干干净净，就说明他做事比较细心。我在军中的时候，上级检查卫生都是用白手套去摸，只要有一点点黑的，他不用说话，就只是举到你面前给你看，你就会很难为情。所以要求一定要严格，然后才能慢慢养成习惯，这绝非一朝一夕的事情。

第三，考。"考"就是"孝"，指祖先祭祀，敬奉考妣，不忘先辈教诲。很多事情你如果没有经历过，是完全无法想象的。我爸爸晚年跟我讲过一些话，我也是很难理解，后来他去世之后，随着我的年龄的增长，我才渐渐懂得他的意思，也才经常会想："唉，那时候他告诉我，我居然没想通。"一个人没有到一定的年龄段，是很难去体会一些事情的。你要想不忘记父亲，就要记住他的教诲，这样你才会有他的印象，你才会记得他。虽然我父亲去世已很多年，但就是因为他的那些话、那些教诲我一直记着，我才没有忘记他，否则就可能会忘光了，那时候就什么都没有了。孝是根本的，一个人如果不孝敬父母，其他真的都免谈。

第四，宝。"亲族邻里，时时周旋，贺喜吊丧，问疾济急"，所谓"人待人，无价之宝也"。以邻为宝，和亲睦邻，宽以待人，严以律己。人们常说"远亲不如近邻"，人与人之间真诚相待，尤其是邻里之间，一定要和睦相处，互相帮助，有时候有些邻居甚至胜过亲人。

第五，书。就是读书治学。读书的重要性自不必说了，一来为考取功名，光宗耀祖；二来好学成风，成就书香门第；三来知书达理，修身养性。

同治元年（1862年），曾国藩52岁的时候，他在写给儿子的一封信里说了这么一段话："人之气质，由于天生，本难改变，惟读书则可变化气质。"人的气质是天生的，本来很难改变，只有读书可以改变气质。这就是为什么读书很重要的原因之一。但是现在很多人读多少书都不能改变自己的气质，为什么？因为他们读书只是读那些技术性的，可以用来赚钱的书，那些书跟一个人的气质没有半点关系。读书最重要的是要明白其中的道理，只有那些道理才可以改变你的气质。因此曾国藩很早就要求自己"无一日不读书"，而且他也当真做到了。

后面三个，蔬、鱼、猪，即种菜、养鱼和养猪，代指"耕"，保持农耕生活方式，健康又朴实。蔬菜是每天都要吃的，绿色食物对保持身体健康有非常重要的作用。鱼类食物富含很多对人体有益的营养物质。猪肉、动物肝脏对于人体而言也不可或缺，而且如果家里耕种也可以避免青黄不接，这就相当于储存了食物。

试问，这八个字，我们现代人能做到几个？基本上都很难做到。就拿"考"字来说，我最近去书店要买一本《孝经》，老板竟然反过来问我"还有这本书吗"。他什么书都有，就是不知道有《孝经》这本书。现在已经到这个地步了，孝道渐渐缺失，这很可能会酿成很严重的社会危机。

二、治军治民皆从严

治军治民，曾国藩都主张从严。我们现在主张从宽，其实是不对的，因为这样教不出人才来。不严格，他怎么会听你的？你又怎么去培养他呢？曾国藩被人叫"曾剃头"之后，他很无奈地讲过一段话，他说："我是读书人，哪里喜欢大开杀戒？关键是为眼下的形势所逼，不这样就没办法维持秩序。"他说就算是自家兄弟，也绝对不姑息、不放纵，不会宽恕他们的缺失。因为自家人更要带头履行，作表率，而绝无特权可言。曾国藩是对国家、对社会有强烈责任感的人，他所做的一切都是为了国家富强，社会安宁。

第六节

激励：这其实是一门艺术

一、看人给奖励

曾国藩的激励原则也很值得我们借鉴。"武人给钱，文人给官"，文人一心想的就是升官，所以"只要有好职位，有空缺，我就推荐你，就让你升上去"。可是武官需要的是钱，因为他的命都不知道什么时候就没有了，那钱当然是第一位，升他职有什么用？官位是虚的，钱是真的。对任何人，你都要设身处地想想他的需求，根据不同的人的需求，给予他不同的奖励，才能充分发挥奖励的效用，达到激励的效果。但是前提条件是，他们必须都不是为名利而来。"你为公而来，该给的我一定给你，你一来就是为名利，那我宁可不要你，也绝对不会给你名利。"

二、第二次再罚

当领导的人，一定要能容人之过。任何人都会有过错，第一次犯错你都要当他是无心的，第二次犯错再罚他。如果第一次就当他是有意犯错的，那就太严厉了。这会让很多人不敢做事情，既不敢动，也做不好，因为他们有担心，就不会完全放开。能够改过的，你就告诉他下不为例就好了，"第一次犯错我当你是无心的，我不会计较，我会给你一次机会，但你绝对不可以再有第二次。"当然也不能一概而论，第一次就杀人，也说是无意的？那肯定不行，可见还是有限度的，必须在一定范围内才可以。这样才能得人心，因为每个人都会犯错，你能包容他，能给他机会，他当然会感激。

三、担责不抢功

体现这一点最明显的是，在攻破太平军的都城，也就是今天的南京后，李鸿章前来贺喜，曾国藩带着曾国荃去迎接，他拉着李鸿章的手，只讲了一句话："全赖你了。"我相信李鸿章当时一定会想："下一次我一定更加拼命。"因为他肯定非常感动。如果换了是现在有些人，李鸿章来了，很可能会先让他在外面等一等，过一会儿才从里面出来说："你来啦，这次打得不错吧？"这样下次肯定就没有一个人会来了。有时候，一个字或者一句话的影响是非常大的。李鸿章的辈分比曾国藩低，曾经是他的幕府，而且还称他为老师。可曾国藩当着自己的亲弟弟，而且是主力将军的面，拉着李鸿章的手说"全赖你了"。李鸿章会感动，在场的所有人听了也都会感动。

当领导，最忌抢功。很多人却恰恰相反，有难都给下面的人，让他们背黑锅，担责任，有功劳就全部独占，舍不得让别人分一杯羹。这样的人，怎么可能得人心，怎么会有人愿意追随？他又怎么能留得住人才，怎么依靠人才的力量，创一番事业呢？

第六章
识人用人先修己

第一节
讲求以道德化人

　　前面我们也提到过"识人务必要先修己",其实不光是识人、用人、管人等所有需要与人打交道的活动,也都同样有必要先修炼好自己。人是有很多共性的,所以自己与他人可以互为明镜。我们在自己这面镜子中可以照见他人,在他人这面镜子中同样也能照见自己。将自己作为镜子就要求自己在看待他人时,多进行换位思考,如果换作自己,会怎么想怎么做,会是什么感受、心理,以便更好地理解他人,在理解的基础上也才能更好地沟通与走近;将他人作为镜子就要求自己在看到他人身上存在或表现出来的问题、缺点时,要反观自身是否同样存在,以便不再对别人过于苛刻,而对自己过于宽容乃至纵容。

　　了解自己,就能更加了解他人;了解他人,也同样有助于更加了解自己。而"修己"则属于在了解基础上更进一步的实践、行动层面。当你自己的人格修养、道德品性都修炼到一定的高度时,加上对人性的了解与透彻把握,你会更容易也更准确地看透人心,也会在知晓他人想法、心境的基础上更好、更有效地与人沟通交往,也就更容易让人接受认同,这样你在所有与人打交道的活动中就更容易无往而不利,成功的概率自然也就会更高。

　　曾国藩最大的优点就是他讲求以道德化人,这也是他修炼自己的最重要、最核心的一个方面。那么什么是"讲求",怎样才叫"讲求"?

第一,方向要对。人家越把你当作标杆,你越是麻烦,为什么?因为一个人讲话如果没有人听,他当然可以爱怎么讲就怎么讲,反正没有人听,没有人会计较,也就没什么好怕的;可是如果是有头有脸的人,他的话有人在注意听,也可能影响很多人,那他就不能乱讲了,他没有权力乱讲,他必须格外小心警惕,说话一定要比任何人都小心。所以职位越高的人,越没有自由把他心里想的全说出来,他必须考虑到所有人的感受。他也很可能稍微有一点点错误,就会害死很多人。所以任何事情的方向都非常重要。现在最让我们担心的就是整个社会的方向是否走偏了,如果大方向不正确,后果将不堪设想,所以需要异常谨慎,胆大心细,时刻观察并作调整,以保证不偏离轨道。

第二,要讲究方法。用什么方法?中国人都喜欢自作主张,都喜欢自己说了算,那就尽量让他说了算。这才是真正的最高领导艺术。你要你说了算,他也要他说了算,两个人都要自己说了算,那肯定就会有矛盾。最后到底让谁说了算,大家细细想想这个问题,表面上是某一个人说了算,但追根究底到底是谁说了算,谁有资格决定最终由谁说了算?只有老大才有这个资格。但是当老大的就要"我说了不算,让老二说了算",这才高明。

其实太平天国的一个关键问题就是老大和老二相斗,这是最可怕的。同样,如果一家公司的董事长和总经理两人心里有疙瘩,有矛盾,那这家公司就很危险了。老大和老二的关系很关键,因此两人相处的方法也就非常重要。既然当了老大了,还雄赳赳地干什么呢？但是很多人就是想不通这一点，总是觉得："我既然当了老大，我就是老大。"孟子曰："惟仁者为能以大事小，是故汤事葛、文王事昆夷。惟智者为能以小事大，故大王事獯鬻、勾践事吴。以大事小者，乐天者也；以小事大者，畏天者也。乐天者，保天下；畏天者，保其国。"在下者对在上者要用智慧，而在上者对在下者就要用仁道。以大事小，不凡事计较，才是正确的相处之道。所以为什么说"大人有大度量"，就是这个道理。

第三，讲究方式。方式是不为大多数人所重视的，一般人只重视目标，目标就是方向，但方式也很重要。怎么互动，怎么沟通，都直接关系到最终的成败。稍不注意，方式不对，就会构成达到目标的障碍，阻碍目标的实现。

那么，用什么来"化"呢？用道德来化。前面已经讲了，曾国藩不是天生就具备那些道德的，而是吃尽苦头之后才有的深刻觉悟，"一切都是假的，只有道德是真的"。我们对"道德"这两个字有非常大的误解。什么叫作"道德"？"行道有所得"，就叫"道德"。一个人如果按照天理去做，并不是说结果一定会好，也不是说他一定会升官发财，而是他自己深深感觉到的确是符合天道，单凭这一点，就说明这个人的道德修养很高。

当道德逐渐丧失以后，我们就开始讲仁义，所以实际上到讲仁义的地步时，层次已经不高了，但是也已经很了不起了，这样我们就能了解孔孟的苦衷。当人类不再讲道德，只讲仁义的时候，就说明人类的层次已经开始往下走了。仁义也消失了，就开始讲礼治，当这些都没有了的时候，就只剩下唯一一样东西了，那就是信用。一旦信用也破产，人类就将面临毁灭。我们现在有什么资格讲道德？有什么资格讲仁义？连理智都谈不上，只剩下信用，如果连信用都破产的话，那还能讲什么呢？什么都不剩了。

一、道德至上：只有修德可以救你

曾国藩是怎么觉悟的？因为当时的清朝，整个社会对道德都没有信心，人们认为道德就是老实，就是吃亏，就是受欺负，就是落伍。我们现在很多人依然这样认为。老实说，我们对"道"是很熟悉的，但我们也要记住，每一个人其实都只接触到了道的一小部分，因为道太广大了，要全面了解它很难。我们总说知道、知道，当我们说"知道"的时候，就要告诉自己，我们只知道一部分，还有很多部分是不知道的。所以当你认为自己知道的时候，也还要谦虚地听听别人讲他所知道的那一部分。

但是这一点很少有人能做到，我们现代人最大的毛病就是常说"我知道，我知道"，可就是做不到，那其实就等于不知道。有人抽烟，你对他说"抽烟不好"，他马上会说"我怎么会不知道，还用你说"。"我知道，就是做不到。"不要拿这句话当借口，真正知道的人，一定做得到。只有做到的人，才有资格说他知道。凡是做起来、行起来有困难的，就是没有真正知道。一定要知行合一才行。你知道有什么用？做不到就等于零。而且即便你按照所知的去做了，但你如果还是不断地问这样对不对，你还不确定，还没有把握，这就是明显的"知"得不精，那你做的时候自然也就不会有定力。外界一变，你就会犹豫，你就可能突然改变，哪怕到了六七十岁都还可能晚节不保。这也是没有真正"知道"的一种后果。

对于什么是"道",每个人的感受都不一样,因为每个人接触、了解到的是"道"的不同部分。而"德"呢?就是"行道而有所得"。我照着"道"去走,去行事,有效果,我就自然会有心得。我做了,并且证明是有效果的,那才叫心得,而不是说我会背些什么,我领悟到了一些道理,这些是没有多大用处的。

道德其实就是能量的平衡,它是来保护你的。现在地球上就是能量不平衡,所以才有各种灾难。我们也是因为生理上能量不平衡,所以什么病都出来了,而且你会发现很多去世的人都很年轻。你对你的上司忠心耿耿,对父母孝敬,你就会自然而然得到很多好处。以前有人说道德是害人的,现在也有人说儒家伦理道德阻碍了中国现代化进程,这些想法根本上都是错的。人如果没有伦理,就跟禽兽差不多。

我们必须首先对道德进行重新认知。你要告诉你的孩子,"只有道德才真正能够保护你,其他都保护不了你"。你如果对客户实在,客户就不会跑。以前卖鱼的人,你如果是他的老顾客,你过去买的时候,他会告诉你,"今天的鱼不是很好,你不要买",他会保护你。所以我有时候会想,我们会不会再回归到以前的小规模经营模式,而不是像现在动不动就是大规模经营?大规模经营有很多弊端,比如规模大了以后,产品的工厂与使用者距离很远,工厂就容易不讲信用,以前大家都认识,谁敢骗谁呢?当然要想完全恢复到以前的状态是不可能的,但是最起码我们可以慢慢定一定的标准,哪些适合小规模,哪些适合大规模,而不是像现在动不动就要连锁,就要国际化,完全没有必要。以前杂货店的老板,不管谁上门来买东西,他基本上都认识。万一有个人忘记带钱包了,他会说:"不要紧,你先拿回去再说,以后再给钱。"可是现在呢?你差一毛钱都不行。

> 台北有一家卖婴儿服装的商店,被人用手榴弹炸掉了,就是因为有一个当兵的很喜欢店里的一件衣服,想买给他的孩子,结果少带了两块钱,可老板就是不肯卖,他很沮丧,就走了。但是想了想还是不死心,于是又回来了,老板还是说不行,这样连跑三次,那个当兵的就怒了,一气之下就拿手榴弹把这家店给炸了。两块钱算得了什么?但是两块钱就会逼死一个英雄汉,这样还有什么人的价值,还有什么人情呢?

所以我们一定要自救,从重振道德开始,慢慢开始对道德有信心,而且道德也要保持弹性,最后"持经达变",运用包括道德在内的完整思想体系,圆通地应对万事万物,这样一路慢慢走回来,我们才有出路。每个人都应该从自己做起,好好救自己。

那么什么叫作"化"?用现在的话来讲,就是"参考"。前面说了,不谈"说服",不谈"影响",只谈"参考"。人家自愿把你当作参考,而不是你一心想说服,想影响,甚至强制他。我们应该发挥参考力,"稍微参考一下,没有坏处",这是对方发自内心的一种自动自发的感受,没有一点强制的因素,这就叫"化"。没有压力,别人才会心甘情愿地接受。有任何压力,都是会反弹的,这是很自然的一种反应。

可是你要用什么来让别人自动向你学习呢?专业?他不一定要

学。才能？他不一定学得会。所以，最好的方式就是我们老祖宗一直说的"以德服人"。也就是说，你的德行修到一定程度之后，就会具备很大的能量，你也就自然会吸引很多人，让这些人对你心服口服。而且，他们受你的影响会有发自内心的真实感受，你们之间会很容易产生互动。但值得注意的是，不要说你对谁好，你对谁有恩惠，别人必须感谢你。人情你不讨，它永远在，你一讨，就会什么都没有了。

"化"什么人？小人。"化人"就是感化小人。如果你所感化的都是君子，那你是往自己脸上贴金，因为君子根本用不着你感化，他已经是君子了，你还感化他什么呢？世界上最了不起的人，就是他看到小人却不会想赶尽杀绝。一般人都认为对小人就应该赶尽杀绝，那是不对的。有君子就一定有小人，如果没有小人，你又怎么能知道谁是君子呢？

所以"化人"实际上就是告诉你，对小人要敬而远之，你才可能感化他。你跟他太贴近，就很可能被他拉下水，你跟他距离太远，他对你没有感觉，你就化不了他。一生能化几个小人，就可以算得上功德无量。

一个人要时刻提高警觉，一直持续不断地修炼自己。所以"活到老，学到老"，不如改成"活到老，修到老"。你只有先让自己有足够好的修养修为，心里才能容得下任何人任何事，甚至包括死亡。能容人，你才会真正把心和眼打开，去发现别人的优点，也就是"识人"，进而才能用人和用对人。坚持修炼，修到最后，你就能做到像我的一位朋友那样。

我最近碰到一位老朋友，已经很久没见了，见面之后我就说：

"你好吗？"他说："我快退休了。"我说退休才好。然后他说："我得了很重的病。"我很惊讶，马上又问："有没有去看？"他说不用看。我就问为什么。他说："我相信我会死得很愉快，所以不用看。"一个人能达到这种境界，真的非常了不起。

但是，曾国藩应该还有一点体悟，他没有说出来，我在这里替他说出来。一个人，如果自己品德好，遇到的坏人也会变成好人；如果自己品德修养不好，那么遇到的好人便也会变成坏人。这是磁场的感应问题，是最可靠的。一个人修炼到最后，所有坏人看到你，都会变好，这是你最大的功德。而一个人如果修炼得不好，所有人到你那里都会变成奸臣，曹操就是这样的人，所有人到了曹操那里之后，最后不是跑了就是被杀，要不然就是装蒜，他们有什么办法呢？可是在刘备那里就不一样，所有人都很愉快。

那么，曾国藩为什么会那么重视道德修养呢？主要有以下三个原因。

► **祖父教诲**

第一个是祖父的教诲。曾国藩的祖父对他说过一句话，有时候一两句话就够了，"官是做不尽的，才是好用的。做人要和气，不可有一分傲气"。现在也可以说钱是赚不完的。看到这里，大家就会发现，他祖父是很了解他的，所以话才会都讲在前面。

那他父亲难道没对他说过什么话吗？他父亲对他的影响是什么？也是一句话："你死在湖南，我不会为你哭；你死在湖南之外，我一定为你哭。"这句话是什么意思？曾国藩如果死在湖南，他就只是为家乡尽了一点力；可是如果死在外省，那他就是替国家做了很大的事情。他必须要把这些都想清楚，然后自己选择走哪一条路。

为什么我们这里只写祖父的教诲？因为祖是祖，父是父，这是两个人，"祖就是阿祖，父就是爸爸"。你说"祖父"是两个人也对，是一个人也对。

曾国藩的祖父告诉他："你有才能，但是你不能骄傲。"父亲跟他说："你不能局限在小范围内，只替家乡做事，那是不长进，你要跨出去，为国家做事。"这两个人肯綮的教诲，对他的影响是非常大的。

▶ 圣贤启示

第二个是圣贤的启示。"天时不如地利，地利不如人和"。曾国藩读《易经》读得很透，四书也读得很精，这些都为他做人做事奠定了坚实的基础。《易经》八八六十四卦，只有谦卦是"六爻皆吉，无不利"，只有好处没坏处。"谦和、谦虚、谦让，就可以赢得别人的尊重。"这句话到现在依然行得通。谦虚的人是不吃亏的，但是不要想用谦虚来占别人的便宜，那就不对了，那是假谦虚。你要真正把谦虚变成你人格的一部分，这就又需要恒卦，持之以恒，加以保持。

▶ 亲身体验

第三个是自己的体验。为什么要加上自己的体验？因为历代圣贤只是讲原则性的话，实际使用的时候你必须要因时而变，看情况，看对什么人、什么事，你要懂得应变，如果不会应变，那就叫死守法则，最后是不会有好结果的。

穆中堂是曾国藩考试时的主考官，顺理成章地便成了曾国藩的老师。穆中堂是全力支持曾国藩的，而且对他赞美有加。他说曾国藩"厚道而不拘谨，谦和而不虚伪"。一个人要厚道，但是不可以拘谨。什么叫"拘谨"？不该客气的时候也客气，就叫拘谨。拘谨就有点假的意思了。你应该客气的时候不能不客气，但是不需要客气的时候，就不应该客气。有时候你的客气反而会增加很多麻烦。比如主人说："中午留下来吃饭吧。"你说不不不，然后一直坐到12点半，那你不是给他添麻烦吗？人家留你吃饭，你要先说不好意思，中国人说不好意思往往就是要的意思，你如果说好，他就会翻脸了。"好？我正要出去呢。"你说不好意思，他说不用见外，那自然就留下来了，他也就好交代人提前去订个餐厅。

所以，该客气的时候你不能不客气，否则你就是没修养了；而不该客气的时候，你客气就会造成很多困扰，那也是不对的。"谦和而不虚伪"，很多人看起来很谦和，实际上是假的，假谦和就是虚伪了。而且假装谦和是很容易被戳破的，经不起考验，也不会持久。

"不断自省，力求精进。"我想"自省"是儒家非常强调的一点。我们洗脸洗澡都只是洗表面，而反省就是洗里面，叫作"内沐"。里面也要洗得干干净净才行，否则你就算外面很干净，可是里面很肮脏，那也没有用。反省就是内观，了解你自己。反省的时候为什么最好点香？香是拿来计算时间的。所以真正反省的人，一要准备一杯清水，这就象征你要用这杯水来洗你的内部，二要点一炷香，因为你反省很容易草草了事。你可能会说"我今天三件事情做得不对"，但你不知道讲给谁听，所以你就在心里第一第二第三地对自己都说了，报告完毕，你就反省完了。这样，你就很轻易放过了自己。所以诚心要反省，至少要反省一炷香的时间，这才是真正没有放过自己，是真的在反省。人往往容易看到别人的错误，忽略自己的错误，对别人苛刻，死抓着不放，对自己却很宽容，轻易就放过。

穆中堂为什么会这样评价曾国藩？是不是他会看透人心？不是。他是从一些小事中看出来的。前面提到过，曾国藩到穆中堂家拜访，看到他家墙壁上的画，他首先问："我能不能靠近一点去看？"这表现出他很有礼貌，他会先征求老师的意见。得到允许之后，看了一会儿，他居然冒出一句话："请把放大镜给我。"这是不应该的，可是穆中堂还是把放大镜给他了。这就说明他是个不拘谨的人，因为看得入神了嘛。看完以后，他只是说："画得很好，像唐代的东西，可惜没有署名。"曾国藩很会说话，他如果直接说这是假的，那穆中堂就很可能会拍桌子大骂："我还会有假的东西？你给我滚出去。"那样他就冒犯老师了。所以他只是提醒老师好像没有署名。

穆中堂就是从这些小地方看出曾国藩是很厚道的，因为一般人看那些画，就算是假的，也会说是真的，那就是虚伪。如果一个人总爱挑别人的毛病，那他就是狂妄了。所以很多事情，其间的"度"很重要，稍微差一点点就不一样了，效果也就会随之很不一样。

前面也提到过，曾国藩在家守母丧的时候，出了一件大事，他不幸落入太平军手中。可是问题是他怎么还能活命。有一天曾国藩在饭店里面写对联，结果被太平军发现。太平军看到有人这么会写字，就与他商量，说太平军识字的人不多，像他书法这么好的人更少，所以拜托他写个告示。曾国藩能替太平军写告示吗？肯定不能。随后太平军把他带到一个村庄，对他说："这里没有人，我们替你保密，写完三份，我们就放你走。"他一看，那个告示是什么？叫《奉天讨胡檄》。那他就更不敢写了，他只要一写，马上就会有人密告到朝廷，那他就得吃不了兜着走，"你居然私下跟太平军密通，那还得了！"可是如果不写，他当时就得死。那怎么办呢？他就开始装病。

所以再老实的人，该装的时候还是要装的。你如果说"我就不写"，不写就会被杀，太平军难道还会怕你？你硬得过他们吗？大家看他装病的功力有多深，太平军请医生来看之后，发现真的有点发烧。可是就在这个时候，他被人认出来了，有人指着他说"他是曾国藩"。然后太平军的高干就出来了，说："我们很尊重读书人，你替我们写，将来得天下以后，请你当高官，你放心，我们不会亏待你的。"听他们这么一说，曾国藩就更不能写了。

可是结果怎么样？大家知道，该死的人是跑不掉的，不该死的人一定跑得掉，你根本不用操心。结果他就在侠士康福的帮助下安然逃脱。至于是怎么逃的，讲也没有用，因为历史不可能重演，这一部分历史是不会重演的。曾国藩那次能够逃出来，使他深深地体会到下面这句话："诚是贯通天地人三才的媒介。"一个人要顶天立地，只有靠一个"诚"字，否则顶天不了，最多立地而已，想真正做到顶天立地，谈何容易。"诚"这个字，大家也需要好好去悟一悟，要想做到"诚"，也并不是很容易的。

二、忠孝节义：耍不过人家就别耍

▶ 凡事离不开忠孝节义

"做官要学曾国藩，经商要学胡雪岩"，学曾国藩，到底是要学他的什么呢？其实只有四个字，忠孝节义。像我这一代人，从小不管是看布袋戏也好，看电影也好，参加庙会也好，无论演什么、怎么演、谁来演，都离不开这四个字——忠孝节义。任何活动都概莫能外。可是现在这四个字没有了，都是打打杀杀，搞得乱七八糟、一塌糊涂，这是值得我们反省的一点。对于小孩子，你如果不告诉他忠孝节义，他是不会懂得这些东西的。那么，如果孩子不知道或者不懂，这是谁的过错？父母的过错吗？但是现在很多父母自己也不懂什么是忠孝节义。

所以清明节到了，为人父母者要去扫墓，而且一定要带子孙去，有很多人会说"小孩忙他的，我去"，那就没有意义了。祭祀有很重要的功能，这主要是做给后代子孙看的，如果总是几个大人去祭祀，将来哪一天大人也去世了，可孩子从来没扫过墓，到时候他们的墓也就没人扫了。带孩子去扫墓就是告诉他，"有一天我也会住在这里，我住在这里时你要来扫墓"，这才是真正的目的，这就叫传承。

▶ 做人还是忠厚老实好

曾国藩说，"自知经历官场权术，并无好处，不如忠厚老实，不要奸诈，以免陷入无休止的仇恨之中"，这也是他最后才悟到的。刚开始的时候，当官的人自然会随大流玩弄权术。曾国藩48岁的时候，写信给弟弟曾国荃。曾国荃的修养是不太好的，跟曾国藩相比差很远，同样是兄弟却有那么大的差距，因此后天的修养还是很重要的。

曾国藩在信中讲得很清楚："你我都是老实人，因为阅历世事，饱经沧桑，学会一些机谋权变之术，使自己学坏了。其实这些方面远远比不上别人，只是惹人笑话，让人怀恨。近日突然醒悟，应该一味向平淡真实方向努力，回归自己的本来面目，恢复固有的老实本质。弟弟原本老实，千万不要走投机取巧之路，以免自己的品性愈来愈低下。"

我们家是老实人，我们要不过人家，既然要不过人家，就不要学人家，我们就好好走自己的路。坏人有坏人的一套，我们学不来，你就让他坏，最后老天自然会收拾他，关我们什么事呢？可是很多人就想不通这点："他行，我怎么就不行？"他是他，你是你，你们注定会走不同的路。所以，一个人如果本来很老实，却想学机灵，学权谋，那是得不偿失的，因为你的道行不如别人，你是学不来，也学不像的。你不如老老实实地坚持你的本色，日久见人心，别人了解你以后，反而会对你比较放心。而一个奸巧的人，想要变得平实就会更难，因为别人往往不再相信他，"又来了，又在装，又在骗人"。所以如果你本来是一个老实人，千万记住，保持你本来的心态，不要随便去学些坏习气；如果你从小就很喜欢玩弄花样、玩弄权术，那你就要花更长的时间去调整自己，别人才会慢慢重新相信你，这是至关重要的事情。

吃亏不是笨拙，忍让也不是软弱，因为人与人之间冤冤相报何时才能了呢？当断要断，随时要扭转、调整自己，否则一直不老实，这样一路走下去，是不会有好结果的。一个人欺骗别人顶多欺骗五分钟，人与人的聪明程度只相差五分钟，五分钟之前你看到的别人还没有看到，但是五分钟之后别人也会看到，那你的欺骗就会被人拆穿了，没有人可以骗得长久的。

"真正的君子不但忠诚，而且还会以忠诚倡导天下。"这句话是现代很多人根本不会考虑的，尤其是后半句。大家可以扪心自问，你算君子吗？你顶多算"独善其身"而已。君子是要"兼善天下"的，但是这不能用强制手段，也不能用法律来规定。道德与法律是两码事。从道德角度不可以说，"你要凭良心，凡是不凭良心者处以十五年以下、七年以上徒刑"，怎么能这么判呢？绝对不能。可见道德良心是不能用法律条文来规范的。

我们每个人都要记住，你在那个位置，就要发挥那个作用，你不仅仅要把你的事情做好，还要把你忠诚的品格发扬出来，这才叫功德，其他的只是业绩而已，根本谈不上功德。

"世道之所以变乱，在于从上到下充满了各种不正当的欲望、奸人和伪君子，他们互相欺诈、互相争斗，为了自己的安适享乐，却给别人带来危害。"

这一段话是曾国藩自己的深切体验，值得我们每个人仔细想一想。我们常说"做官要学曾国藩"，有人说我不做官学他干什么，其实不是这样的，你虽然在官场上没有一官半职，但是什么叫作"官"？做官就是"为人民服务"，看到这你就应该恍然大悟：

现在不管士农工商，其实都是在为人民服务。所以无论你做什么，你都是官。很多公司的总经理都是关起门来当皇帝，他们也都是官。现在的公司只要规模稍大，稍微有一点制度，就官味十足，这是事实。所以清朝最后一个皇帝被废掉之后，每个人都成了皇帝。这种情况下，每个人都要注意提高修养，要比以前更有素质、更能胜任才行。

曾国藩说这些人"害怕灾难，四处逃避，甚至都不肯出一条丝、一粒米的力气来拯救天下，为天下万民做一点事情"。其实到今天也还是如此。如果当官的只顾选票，不顾其他，如果有职务的人只把保住职位当最高目的，能混就混，能推就推，能拖就拖，那这个社会就不会有好的发展。而且越是小官越难相处，越是大官，有时候涵养还会好一点。大家也不要以为只有中国这样，全世界大部分国家都是这样的。这是人类共同的命运，我们要一起努力，将其快速扭转过来。

曾国藩还有一项重要品质值得我们学习，那就是忠贞操守。其实以前的人都非常重视"贞操"，"贞操"就是合理的忠贞操守。国家要自强，有志之士就该以改变国家的贫弱面貌为己任，而这种事情远比个人的成败得失重要，因此也就要优先于个人之事。一个人唯有敢于担当大事，不计较个人的成败得失，对名誉利益也在所不惜，这才叫作有担当，这才是忠贞的品格。

曾国藩最后听从父亲的教诲，不死在湖南，而要死在湖南之外，不仅仅是为家乡，而是要为国家谋福利，奋斗终生。他担当起国家自强运动的重任，因为国家需要而不计较个人恩怨，大力网罗举荐和培养所需人才，真可谓"鞠躬尽瘁，死而后已"。那些经他举荐或栽培的人才大多继承其遗志，成为真正的国之栋梁，与他一起开创了晚清历史上辉煌的中兴大业。

► 属地主义 VS 属人主义

曾国藩到底忠于谁，这个问题是有争议的。当时有一位太平军的将领被湘军抓去了，他要求见曾国藩。曾国藩问他有什么事，他说："我要告诉你，你这样做是不对的，我们反的是清，他们是满族人，而你是汉族人，你居然帮那些满族人来打我们这些汉族人，你有良心吗？"最后还说："你不要再做清廷的官，你来当我们的领袖，我们全都会拥护你。"他说的也有道理，到底是清朝重要还是汉族人重要，这个问题实际会牵涉我们每一个人。

如果有人问你"你是哪里人"，你会怎么回答？你如果问一个美国人他是哪里人，他会说："我是美国人。"你问他："你为什么是美国人？"他的答案只会是一个："因为我是在美国出生的。"这就叫作"属地主义"，你在哪里出生就是哪里人。可是有些人不是这样的，你问："你是哪里人？""我是台湾人。""你为什么是台湾人？""因为我爸爸是台湾人。"所以有人是跟着爸爸走的，这就叫"属人主义"。到底是跟着人走对，还是跟着地方走对？都不对。因为中国从来没有属地主义，也没有属人主义。

古时候，就不管你是哪里出生的，不管你爸爸是谁，你的血统怎么样，也不管你长得如何，只管你认不认同中华文化。你认同中国文化，你就是中国人，不认同中国文化，就不是中国人。所以达摩祖师是哪里人？中国人。有人会说他明明是印度人，怎么会变成中国人？他就是中国人，他是我们禅宗的始祖。这个观念其实在人类学上应该算是非常先进的观念，以文化来判定一个人是哪里人。所以你就算长得跟中国人一样，可是满脑子都是西方思想的话，那你就是西方人。

这种观念，曾国藩当时就有了，他说："你是汉族人，我是汉族人，但这不重要，重要的是清朝的皇帝入关以后，很快就汉化了，他认同中华文化，他就是中国人。"关于这点，曾国藩其实讲得并不是很周全，因为清朝皇帝也不是一入关就全面汉化的。清朝刚入关的时候，大兴文字狱，"你不听我的，我就杀你"，用很强硬的方法来对付汉族人，但是没有用。老实说，汉人最厉害的一点就是："我不会当面跟你对抗，但是我到死都不认同你。"所以对汉人用高压手段是绝对行不通的。清朝的皇帝是在觉悟到之前那条路行不通之后才决定汉化的，可他们的汉化政策其实也是有保留的，比如用汉字，但还是保留满族文字。

汉人这种心底里的执拗是中华民族非常值得自豪的一点。我们要想同化别人比较容易，但是别人要想同化我们就比较难。为什么？凡是会抵抗的人，都比较容易投降。可我们不抵抗，"不要紧，都好，这样也可以"，别人就会拿我们没有一点办法。我们是不抵抗的，我们的民族性就是四个字——能屈能伸。该屈的时候，比谁都柔软；该强悍的时候，比谁都不怕死。我们团结的时候是全世界最团结的，不团结的时候又是全世界最不团结的，弹性非常大。

所以你拿中国人没有办法，你掐他，掐得他快死了的时候，你就会开始有同情心了，可是你稍微松一下，他就飞走了。你对他好，他就爬到你头顶上，你对他不好，他就跟你离心离德。这是我们必须要了解的。西方人的好与坏是分开的，中国人却是没有好坏的，用得好就是好，就是长处，用得不好就是不好，就是短处。对于西方人，你可以说这个人是坏人，那个人是好人；对于中国人，你千万不能这样，因为他往往有时候是好人，有时候是坏人。

然后曾国藩开始谈太平天国。老实说，太平天国是注定不会成功的，什么道理？历代刚兴起的时候，基本上都是借宗教之名，因为宗教往往对生活不顺、没什么知识的人最有号召力。

太平天国是谁创立的？大家都很清楚，洪秀全。洪秀全考四次秀才都没有考中，这种人最容易被宗教看上。所以我们后面会专门分析为什么曾国藩会赢。他一个读书人，又没有打过仗，他何德何能？就是因为洪秀全一开始采用宗教的动机就很可疑，他利用宗教，可是最后又没有好好利用它。其实外国人也在利用宗教，从罗马帝国开始就在利用基督教。宗教永远是被利用的，科学也是被利用的。那么是谁在利用？掌握大权的人，只有他们才有资格利用。

曾国藩对那位太平军将领说："如果你们保持我们汉族人的文化，我可以考虑，但你们没有，你们要大家信上帝，要大家不要拜祖先。"很多人因为曾国藩提倡洋务，认为他崇洋媚外，这里我们要还他一个清白。他对正统的判定标准就是是否认同中华文化，"你认同中华文化就是正统，你不认同，你就不正统"。

但是问题是，曾国藩认同清朝，清朝的皇帝认同他吗？不认同，咸丰就不信任他。咸丰本来也很单纯，说："这个人很有贡献，打太平军对我们帮助很大。"可是旁边的人马上说："一个文弱书生，居然一呼唤，会有那么多人响应他，恐怕不是好事。"咸丰一听就开始怕他了，"这还得了！"所以当一个人的影响力太大的时候，其实是非常危险的，因为总有人要置他于死地。

咸丰皇帝表面上重用曾国藩，实际上不但不支援他，还派人监视他，这些曾国藩都知道。所以有人对他说，"你有实力可以自立为王，不自立为王这叫忠吗？你是忠于谁呢？你忠于别人，没有忠于你自己"。其实曾国藩也想过，他确实有实力，因为湘军所占地盘达到十八省之多，并且人数还在不断增加，所以他完全有实力，有很多人就劝他干脆自立为王。他后来说："凡是劝我动那些脑筋的人都是坏人。"因为他知道那样做的话，成功率不高。

我想曾国藩一定也盘算过："如果我造反的话，将来皇帝肯定也不会是我，那皇帝会是谁？很有可能会是左宗棠。那我干吗要帮别人打天下？"左宗棠也曾经说过，"你不要以为曾国藩控制一切，真正乱起来的时候这天下还不知道是谁的"。而且前面也说了，就曾国藩和左宗棠的个性来看，得天下的人经常是左宗棠那种人，而不是曾国藩这样的人。"你打了半天，替别人打天下，划得来吗？"再说，曾国藩肯定也会想："我得了天下有没有用？"没有用，因为子孙都不成器。所以一个人要想打天下，要先看看自己的子孙，子孙如果不争气，你拼死拼活好不容易打下的江山，最后还是会给别人，那你何必呢？

我想他肯定有很多顾虑，我不相信他完全没有过这种打算，因为他毕竟是人，但是他衡量一切以后决定，"还是诚诚恳恳做一个忠臣比较实在"。一个人不是说实力够就行，要成功需要很多方面的因素。我觉得"大位是天定，不是人定的"，跟人没有太大的关系。

那到底什么叫"忠"？当你把心放在中间的时候，就叫"忠"。首先要"从心"，古人"以不懈于心为敬"，必须尽心任事才能"不懈于位"，做好分内之事，其次要"从中"，"中"有不偏不倚之意，所以"忠"也是正直之德。

三、刚健坚忍：要能忍也要能受辱

曾国藩之所以会获得如此巨大的成功，外界的那些有利因素都还只是助缘而已，他自己自立自强，刚健坚忍，进德修业，才是最主要的因素。

他是从哪里做起的？他从"自立自强"这四个字做起。自古以来，帝王将相没有谁不是从自立自强做起的。他说他年轻的时候在北京，喜欢和那些有名望居高位的人为仇，也不是没有要刻意使自己特立独行、不畏强权的意思，也是想让自己凡事都能挺得住，所以他也不完全后悔。只不过他更觉悟到，在大事上要有自己的判断力，要有自己的抉择，但是千万不能刚愎自用。千万记住，任何事情都不要做得过分，一过分，结果就会截然不同了。

一定要把坚忍与屈辱联结在一起。一个人要拼命，必须要记住，一方面你要坚忍，一方面你要能受辱。只是坚忍而不能受辱，那你很快就会达到所能忍受的极限，然后全部爆发出来，那就会更糟糕。假如你忍忍忍，忍了九次，最后一次还是爆发了，那你之前就白忍了，就都等于零。所以一定要忍到最后，忍到最后一件事，才不会功亏一篑。

我们最不能忍的就是，"是可忍，孰不可忍"。其实没有那么严重，侮不侮辱完全看我们自己的心态。我年轻的时候也是受不了的，别人跟我说什么我都会顶回去，但是40岁以后，就有了一点点觉悟，有了一个念头，那就是，这个世界上会给我难堪，会让我受辱的是谁？是来救我的人。所以凡是给我难堪的人都是好心救我的人，凡是侮辱我的人都是为了唤醒我的人。我不敢说曾国藩也一定有这样的想法，但我觉得他应该也是有这样的觉悟的。

人生是什么？就是坚忍与等待。一个会等的人永远是有希望的，一个不能等的人则经常是错过机会的。机会要来的时候是自然来的，不是你要它来，它就会来的，机会要走的时候也不会征求你的同意，而是说走就走。所以人要配合机会，而不是等机会来配合你。

四、谦虚谨慎：让你事事如鱼得水

曾国藩50岁的时候，有一个叫鲍超的将领，因功由总兵升到提督，所以慢慢就露出骄横之气。鲍超这个人，是一个字都不认识的。其实以前很多将领都是一个字也不认识的，最有名的是三国时的吕蒙，就是杀关羽的那个人，他开始也是一字不识，可后来他变得很有学问。鲍超除了他的名字，什么都不会写。

有一次，鲍超打仗被围困，他很着急，就命人写信给曾国藩，请求援兵。结果写信的人拿起笔来还在那慢腾腾地斟酌要怎么写，他一看，心想"等你写完我就没命了"，于是立马夺过纸笔，说："我自己来。"那人心里还在想："你一个字都不会写，能写出什么？"再一看，他就在纸上写了个鲍，外面再画了一个圈圈，然后就让人送给曾国藩。那人一看，说曾国藩怎么会看得懂。"没你的事，你赶快送。"结果曾国藩一看，就明白鲍超被围困起来了。这件事也告诉我们，紧急的时候要有紧急措施，不要一味按部就班，还讲究咬文嚼字。一般人看不懂，但是他们两个人有默契，自然就会看得懂。老实讲，能当统帅的人，多半有他的过人之处。所以一个人一辈子能走到什么地步，其实有很多原因，不是单靠某一样东西，而是由综合性的因素造成的。最终鲍超得救了。

鲍超很勇猛，但是不认识字。这种人一旦升官以后，就容易得意忘形。我想这是很多人都曾犯过的毛病。当你得意忘形的时候，接下来就会栽跟头，越是得意忘形，栽得越厉害。就像风筝，你把它放到差不多高的位置就可以了，你如果一直往上放，最后要么线会断掉，因为上面的风会越来越大，之后就不见了；要么一下子飞不上去，就栽下来了。千万要记住，得意忘形是我们常常会犯的毛病，当你得意的时候，要知道这对你不利，不要那样做，因为人家会受不了，你一定要节制。

曾国藩看到他渐露骄横之气，于是马上写信给他，说："你统帅部队多时，声名太大了，最好保有一颗谦虚的心，以此为自己积德、积福。"这是直接告诉他，要谦虚。他这样说，鲍超就听得懂，他如果说你现在要像麦穗一样，鲍超肯定就听不懂："什么叫'像麦穗一样'？"所以对什么人要讲什么话，这也是曾国藩很了不起的地方。曾国藩能文能武，他的文笔也非常好，很多公文都是他亲自批的。他见一个人以后，会给这个人下一个评语，他的评语往往很绝，而且很准。比如李鸿章与他相处一段时间以后，他对李鸿章的评语就是四个字——拼命做官。

曾国藩直截了当地告诉鲍超，你要谦虚，稍微不谦虚，你的麻烦就大了；而且你的谦虚能为你积德积福。我想这也不是乱讲的，因为虚心谨慎，不自满，永远不会有错。所以无论什么时候，都要记住一定要谦虚。但是前提是你要有能力、有实力、有表现，这样才有资格谈谦虚。什么都没有就谦虚，别人会认为你是无能。

最后曾国藩送他一句话："花未全开月未圆，最美。"当你抬头一看，月亮快圆了，那时候你的心情肯定很好。可是如果今天就是十五，你就会知道明天就不好了，因为以后就只能看到月缺了。

曾国藩自己就很谦虚谨慎，对上对下没有半点傲慢。这个"傲"字很重要，你只要有一点点骄傲，就可能遭遇很大的打击。我们学了英文以后常常会说，"我们以你为傲"，这句话其实是不对的。因为英文是 We are proud of you，这个 proud of you 对西方人而言是可以用的，但对我们就不太适用。说"我们引你为豪"可以，但说"我们因你而骄傲"就不可以。中国人很神气，但不骄傲。做人一定要神气，不神气"就会衰"，但一旦骄傲就糟糕了，骄傲必败，绝对不能有一丝骄傲的感觉，因为那也会让别人很不高兴，而这就是在给你制造阻碍。

保持谦虚使曾国藩在官场上左右逢源，应对自如，始终处于不败之地。讲到"不败之地"，我又要说一句，我们是一个不求胜利的民族，我们不求胜利，只求不败。很多外国人一直问我，你们和日本人有什么不同，看上去长得很像。我就告诉他们："我们都是东方民族，但是戴的帽子不一样，凡是上面写'东方必胜'的就是日本人，写'东方不败'的就是中国人。"我们只求不败，从来没有求一定要胜。但是现在形势变了，也都是在讲求胜、必胜了，这其实并不是好事。

大家真的要仔细地去了解，我们老祖宗的话不是随便说的，一句话会流传几千年，一定有它的道理，只是我们现在误解了，没能领会它的真实内涵。我向大家保证，中华民族的老祖宗所讲的话，都是对的。只是我们认知错误，理解错误，或者执行的时候出错了。一句话，是我们做错了，不是老话的错。你不要去改动它，要照它的意思去做。古人的话一定是对的，你要慢慢地深入透彻地领悟。

我们举个例子，"兵贵神速"，是说越快越好吗？但实际上有时候慢一点才好。如果你懂得《易经》，就会慢慢了解这话的意思其实是说，"该神速的时候要神速"，而且下面还有半句话没有说出来,"不该神速的时候要慢一些才好"。《易经》很多爻辞都会告诉你"无咎","不会有问题",其实是在提醒你,你如果按照它去做才会没有问题,否则就一定会有问题。因为当时我们没有纸张,所以每个字都包含着很丰富的意思在里面,一定要有这种觉悟和认识才行。

五、胸襟宽广:什么人都可以交游

曾国藩的胸襟很宽广,他能够适时调整自己的心态。一个人的心态是最难调整的,身体有时候还可以忍受,"我该弯腰就弯腰,我该怎么样就怎么样",但是心态,看不见,也很不容易调整。如果总是愤愤不平,总是觉得自己很委屈,觉得老天对自己不公平,这种心态是对自己非常不利的。

"心胸不够宽宏,气量狭小的话,就不能博取天下的美德。因此不能拿一个标准来强求他人。哪怕是一点长处,一点善行,如果它有善于我,都广泛吸取以求培养自己的德行。那些以正大之词,劝勉之论前来告知我的人,即使不一定投合我的心意,我也会深深感念他的厚意,感谢他的关心。"

这些话都出自曾国藩,他说他什么人都可以交游。我们现在有很多人怕交到坏朋友,当然孔子也提醒我们交朋友要谨慎一点,可是孔子的话是说给不同的人听的。当一个小孩子还没有保护自己的能力时,的确需要小心,不要交坏朋友。可是当他慢慢走入社会,总是会遇到小人的。记住一句话,有君子的地方就一定有小人,而且小人是杀不光的。所以孔子要我们对小人敬而远之。你要与小人保持一些关系,同时又要疏远他;可是你也不能得罪他,得罪他就会很麻烦。因为你得罪不起,小人随时会来找你麻烦。因此我们就要告诉小孩,"你要心中有数,但是不要讲出来,你要和小人保持适当的距离,以策安全"。所以对于不同年龄段的人,要告诉他不同的事情。

曾国藩自己反省说,他年轻的时候心胸不够宽,老是看不惯一些人和事,后来慢慢地,他变得可以跟任何人来往了。其实有时候,你听到任何一番话,把它稍微转换一下,就能变成好话。你看到任何一个人,就把他当作一面镜子,看到他不好的方面,就反观自己是否也和他一样,这其实非常有利于你改正和调整自己。还是那句话,一切都看你自己。你看他好,他会慢慢地在你面前变好;你看他坏,他很快就会在你面前变坏。你自己可以去试,这是一点都不会错的。

我们的心可以影响外界,而不是我们拿环境没有办法。现在很多人都爱说"环境就这样,没有办法",这就叫环境决定论。要记住,任何时期都有很好的人,任何环境下也都有人成功,所以一切都看你自己,不要管别人如何,也不要管环境如何。

49岁的时候,曾国藩写的日记里有这么一段:"《易》六十四卦,三百八十四爻,一言以蔽之,曰不恒其德,或承之羞。读之不觉愧汗。"从这里也可以找到证据,他一步一步深入了解恒卦以后,就下定决心要走恒卦的路子了。我们同样也可以把64卦翻出来,自己选一卦,然后慢慢进入那个卦,就会得到那个卦最终会达到的效果。"读之不觉愧汗",中国人说话很有意思,"不觉"就是"觉得"。他读了《易经》的一句话以后,自己觉得很惭愧,惭愧到好像要流汗了，也就是很难过的样子。"不恒其德，或承之羞"正是恒卦九三爻的要求，是其爻辞。

"吾辈既知此学，便须努力向前，将一切闲思维、闲应酬、闲语言扫除净尽，专心一意钻进里面，安身立命，务要换一个人出来，方是进步功夫。"这句话很重要，尤其对于我们现代人而言。平时大家都忙于应酬，总是觉得这是为生意、为工作，但是我劝大家可以改变一下试试看。

> 我有位长辈，现在已经去世了，他年轻的时候做生意做得很红火，一天到晚花天酒地，但是他有正当的理由，"做生意嘛，有什么办法呢""客户要求嘛，你不能够说不应付吧"。后来他因为交际应酬，结果女儿死的时候都没有办法看到她是怎么走的，他突然间感觉很惭愧，所以从此就改变作风，"绝对不应酬，绝对不花天酒地"，但是他的生意照样做得很好。所以他80岁的时候，我们给他祝寿，他只讲了一句话，他说所有事情都是人自己找理由的，编造一大堆理由来骗自己。

这都是我们身边真实的案例，大家可以好好想一想。曾国藩就是看到这句话以后，感觉很痛心，自己以前一天到晚说一些无聊的话，做一些没用的事情，然后还编出一套理由来说当官一定要这样，后来才知道不这样，也一样可以做得很好，最终就改变过来了。一个人一定要想办法了解自己的缺点在哪里，然后勇敢地改变自己，这才是进步的功夫。曾国藩能做到这一点也很让人佩服。所以他由蹇卦变恒卦，果然换了一个人，这就证明命运是可以由自己改造的。

六、进德修业：只有这二事能做主

曾国藩非常重视进德修业，他说的这段话很值得大家细细品读："吾人只有进德、修业两事靠得住。进德即孝悌仁义，修业即诗文作字。此二者由我做主，得尺则我之尺也，得寸则我之寸也。今日讲一分德，便算积了一升谷；明日修一分业，又算余了一文钱；德业并增，则家私日起。至于功名富贵，悉由命定，丝毫不能自主。"这句话是曾国藩的宝贵心得，我想这是他从困苦当中领悟到的。

只有"进德修业"这两件事是靠得住的，其他都靠不住。可是现代人最看不起"进德修业"。

从古至今的圣贤没有谁不是由勉强到自然，由稚嫩到成熟的，从来就没有天生的圣人。所以父母一定要教孩子，该勉强的时候就要勉强。人都是懒惰的，都喜欢轻松。你如果不管他，他就会顺势整天嘻嘻哈哈过日子，也就很难有大成就了。严教是爸爸的责任，让他有受严管严教的本钱，则是妈妈的职责。人不要把世俗的功名看得过重，要看得平淡一些，不要因它受纠缠。因为你也做不了主，你只管踏踏实实做好"进德修业"二事，这才是你能掌控的。

功名利禄都是天定的，你这辈子能赚多少钱，能做多大的官，能有多大的事业，都是天注定的。你所能做的事情就是不断地"进德修业"。老天给你这个机会，给你这个舞台，你就要去做，但是最后会怎么样,你不要管,你管那么多干什么呢?从现在开始,只管你该做的,你该做的就去做,不要厌倦,也不要跟别人比。至于结果怎么样,跟你没有关系,这样不是就很轻松吗?其实这么想,你就可以过上很轻松的生活。曾国藩后来就是按这个思路去做的。

他为了通过学习改变自己的命运,以每日"进德修业"为自我考核的目标。"每日必读书数页,写日记数条,习字一篇,围棋一局,终生以为常"。他真的做到了,坚持每天读书,连打仗的时候都要读书。每天写日记,就是简简单单地记录自己今天做了什么事,有什么重要心得。从不间断,并且是真正反省,不是只写好听的,而是哪里错了就写自己哪里错了,什么地方做得不对就写自己哪里做得不对。他写日记也不是为了要给别人看,不是要表扬自己。他完全是用很实在、很认真的态度来对待自己,这是非常了不起的。"习字"就是练习书法,中国的书法其实是有益于身体,有益于修养的,绝不是写几个字而已。还有下围棋,也是能修身养性的。

曾国藩不仅提高自己的修养修为,还不时提点他人。他对李鸿章说:"你先把兵练好,不要急于出战,有军就有权,当你势力大了,搞洋务的阻力也就小了。你只有练好精兵,站稳脚跟,才能保全性命。你知道你的弱点是什么吗?"一个人就是需要有人敢跟你说这种话,要有几个敢直说你缺点的朋友,否则你会被永远蒙在鼓里,那是会吃亏的。他说李鸿章的缺点就是"心高气盛,做事急躁,还有点任性,这些致命弱点如果不改的话,将后患无穷"。像这类话，既是帮助别人，也是帮他自己，这就是利人自救之道。

七、不慕虚名：到头来都是一场空

曾国藩又反省道："平生只为不静，断送了几十年光阴。为什么如此交游往来，无非是为了好名，希望别人说自己好。"不能安静，到处交友，为了那些虚名，浪费了很多时间和精力。可是现在很多媒体大肆宣扬一夕爆红，不知道有多少人就为此牺牲了一切。看了曾国藩的话以后，我们都要自我反省，"一夕爆红"其实毫无意义。如果是正当的手段、正当的方向，那么你出名，也不用怕；如果是不正当的手段，出的名就都是坏名，那还不如不要。

一个人最怕的就是虚名，因为虚名会让你不安，不好过，你没有那个实力，而空有那么大的名气，就会整天提心吊胆。哪天如果被别人戳破了，你就会很难堪。人一生应该追求的是实在的才能、真正的本事，至于有没有名无所谓，如果抱这种态度，你就真正是"实至"，然后才会"名归"，那才是最实在，最名副其实的"名"。

因为不追求虚名，所以曾国藩能放下身段，尤其是"在上者"最在乎的面子，他都可以放下，虚心向别人甚至下属请教，只求自己获得实实在在的进步。而一旦做到了这一点，也就意味着他具备了宽广的心胸，也就更能与各方人才和睦相处，并能深得人心，那么他办起事来也就会更加顺利。

八、一心为公：我不是跟他合不来

▶ 道不同不相为谋

曾国藩刚到长沙办团练的时候，全仗罗泽南和王珍提供的一千湘勇作基础。罗泽南和王珍一开始对曾国藩都很好。什么叫"湘勇"？"湘勇"和"湘军"有什么不同？这一定要区分开来，中国人的每一个字都有它的用意。"湘勇"是湘乡那个小地方的民兵，湘乡只是湖南省的一个县，而"湘军"是整个湖南省的民兵。因为一般发展队伍都要先从小地方开始，然后逐渐拓宽，逐渐发展壮大，曾国藩的湘军就是借助罗泽南他们提供的一千名湘勇慢慢发展起来的。

太平军进攻江西的时候，湖南派兵前去支援，结果战败，战死的多半是王珍的旧部。王珍很伤心，好不容易培养出来的人，一下子死了那么多，而且他本来就自认才能出众，野心勃勃，所以他有很强烈的复仇心。于是他就向曾国藩请示要再练一万人，找太平军复仇。曾国藩不答应，王珍就自己回家乡招募了几千人，这时候曾国藩就好像有点翻脸不认人了，决定跟他分开，"你是你，我是我"。对于这件事情，很多人都认为曾国藩不对，"你先是利用人家，后又过河拆桥，做人怎么可以这样？"

曾国藩对此的解释是："勉强合作，肝胆变楚越。"如果勉强合作，本来是肝胆，也会变成楚越，而楚越根本合不来。既然道不同，那就不相为谋，不如趁早分开。他父亲后来也因为这件事给他写信，说"不可过河拆桥，你这样对人没法交代"，曾国藩就回信说:"王珍是为了复仇,我不是为复仇,我是为天下人着想。"他也知道对待英雄要忍耐,要能受委屈,要放下身段,为什么?因为越是了不起的人,越有个性,越难相处,这些他都懂。

曾国藩刚出山的时候,他去找左宗棠当幕僚,想请他帮忙。因为他知道左宗棠比较有谋略,而自己在作战策略方面是外行,所以要找人帮忙。可是左宗棠拒绝了,反而投奔湖南巡抚骆秉章,这让曾国藩很没有面子。大家想想看,如果你要创办一家公司,请一位小学同学帮忙,结果他不干,还跑到你对面那家公司,你天天看到他,那肯定是会很懊恼的。"你明明就是看不起我,认为跟我在一起没有前途嘛。"

从这里大家也可以看出,左宗棠的个性跟曾国藩是不太一样的,左宗棠是一个很有傲气的人。曾国藩其实也很讨厌左宗棠,因为左宗棠几次给他难堪,讲话也很不客气,完全不把他放在眼里。但是后来左宗棠几次得罪曾国藩,曾国藩都没有因此记恨左宗棠。他一直容忍左宗棠,不计较个人恩怨,甚至还先把左宗棠安置在自己的幕府,后来又大力推荐。之所以如此,并不是他认同左宗棠的想法,而是看中了左宗棠那种坚强的意志,因为当时国家需要这样的人才,他觉得"既然共同为朝廷,那我任何人都应该忍耐"。他的理由是为了国家的需要,而不计私人恩怨。试问如今有几人能做到?

所以对于王珍一事,他说:"我不是跟他合不来,我不是不能容忍他,而是我们两个人的目标不一样,不同道。"一个人如果做事只是为复仇,那他的格局就太小了。"我是为中兴,我不为复仇",像这种话,如果只是嘴上说说,那就是欺骗。但是曾国藩非常有原则性,当断则断,这就是为公办事上的"刚"和强硬的表现。

▶ 自强以安邦

清朝初年人口减少,谋生相对容易。今天为什么人活得越来越辛苦,主要的原因就是人口太多。资源是有限的,机会也是有限的,想要养活那么多人就非常困难。因此朝代的兴衰,其实跟人口是有密切关系的。

清初人口少,百姓谋生容易,所以顺治、康熙、雍正年间,以及乾隆的前半期,政治良好,生活稳定。可是到了乾隆的后半期就糟糕了。这是理所当然,也是势所必然,因为社会一安定,人口存活率就高,人口自然就会快速增长。而这些往往又会伴随着土地分配不均,贫富悬殊大,富人越来越奢华,穷人越来越贫穷之类的社会现象。

其实我们现在公开主张 M 型社会,是人类很大的不幸。真正有本事、有良心的经济学家,不应该主张人类是 M 型社会,而应该是中产阶级最多,这才是正常的。一个国家,中产阶级的人越多,其社会就越稳定。有钱人多,穷人多,中产阶级反而少,这样的社会是非常不稳定的社会,也是非常危险的。

"贪污风行,官员腐败,士风卑下,军队退化,变乱丛生,财政困难,民众不满,外来的影响不断扩大。"大家有没有想过,为什么一个小小的太平军,清廷会拿它没有办法?很简单,因为当时涌入中国的外国人越来越多,只要是处理涉及外国人的事务的人，都会倒霉。主要有这几个原因：一是没有经验，二是朝廷不支持，三是外国人往往有整个国家的力量在支持，所以他们非常有底气。比如英国人到中国来经商，他们就有整个政府的支持。因此当时所有的地方官，只要是与外国人有关的事情，都不敢碰，就是怕自己倒霉。也正因为如此，太平军才会假借基督教的名义，实际上他们根本就没有照基督教的教义去做，而只是利用基督教，并不是真的诚心诚意相信上帝。

我们现在来看一看洪秀全这个人。他是广东新会人，连续考四次秀才都没有考中，我觉得这是个很重要的因素，他如果考中了，并且后面做官也很顺利，那他的人生肯定就完全不一样了。他没有考中，就会觉得很委屈，第一次没有考中他会认为倒霉。这是我们很普遍的心理，考不中就是倒霉，不是实力不够，只是倒霉，那接下来怎么办？再考。所以第一次考不中是很正常的，可是当第二次又没有考中的时候，他就开始忧郁了，这时候就有人乘虚而入，送他一本《劝世良言》，这听起来就是劝人做好事的，但是实际上不是那么回事。洪秀全一看，内容都是劝人做好事，说上帝如何，耶稣如何，他还是没在意，因为考试要紧。可是第三次还是没有考中，他就有点心灰意冷了，就开始做梦，梦到上帝把他召到天上说："你是耶稣的弟弟，所以我现在赐你一把剑，你下界去除妖。"等到第四次考试失败的时候，他就称自己是耶稣的弟弟，所以他称耶稣为天兄，称上帝为天父，自命天王。

他开始宣传基督教教义，但是都用自己的思想来加以曲解。他先在广西建立基地，自称天王，然后攻下金陵，即现在的南京，并在那里定都，实际上他在那里施行的是巫术统治。巫术统治其实自古以来就有,《三国演义》一开始,就有一批人开始作乱,也是假借宗教之名。

太平天国运动慢慢发展起来,规模声势壮大到令清廷把将其平定当作头等大事的地步。但是平定太平天国毕竟只是一种紧急措施,并不可能保证从此就长治久安。即便把他们平定了,又会有别的人起来作乱,因为根本的问题没有解决。

曾国藩知道要想长治久安,必须举国自强。所以除了平定太平天国之外,他又提出要自强,就是要学习西方,然后来救治中国。大家可能马上会想到日本的明治维新。自从明治维新以后,整个日本就改变了,强盛、发达、现代化了。我们现在的历史都是这样写的,但是我可以预言,将来的历史不会这样写,它会告诉你,日本自从明治维新以后,就开始走上命运悲惨的道路。因为他们没有曾国藩这种见地,曾国藩不提倡盲目学西方,把西方的东西完全照搬、移植过来。他一再强调,中国人的事情只能中国人自己来解决,不可以依赖别人。那时候李鸿章都是利用外国的士兵打太平天国。曾国藩一看,这样怎么行?永远依赖外力,这个国家还算个国家吗?因此他主张把外国的科技书翻译成中文。但是这一点至今我们都还没有做好。

> 我讲一件事情,大家好好去体会。我在"交大"的时候,有一个学生是韩国的华侨,专门跑到"交大"来读书,最后却被学校要求退学,为什么?他学习成绩太差,各科都不及格,怎么还能继续留下来呢?一般人如果接到学校的退学通知,都会无话可说,但这位韩国的

华侨就不一样，他不接受，他说是学校不对，不是他不对。我们就觉得很奇怪，怎么会有这样的学生？然后就组织了一个委员会，请他来陈述理由。他当时说的那番话让我印象深刻。他说："我是华裔的韩国人，我的韩文很好，中文也不错，我最差的就是英文，所以我当时要出国深造的时候没有选择欧美学校，而选择了中国，因为你们讲中文，我听得懂，而且"交大"是个好学校，所以我就来了。可是没想到上课的时候，你们都跟我讲英文。你们跟我讲韩文，我不及格我认了，你们跟我讲中文，我不及格也认了，可是你们偏偏跟我讲英文，早知道是这样我就不来了。"我们听了觉得很有道理，最后就把他留下来了。

这是事实，老实说我们如果所有科学的名词都始终沿用欧美的，一代一代这样下去，我们自己的根就很难牢固。

因此曾国藩主张翻译，主张科学要扎根，他再三说我们学欧洲、学美国，不是要跟着它们走，而是学了以后用来对抗它们，这点是他与一般主张全盘西化的人不一样的地方。他主张"对内修明政事，培养以学问济世，以道德化人的人才，改造社会风气，延续伦理道德。对外模仿西方科技"。最后李鸿章继承了他的这一未了心愿。其实客观地说，李鸿章是被污名化了的。一提李鸿章，大家就会想到他把台湾割让，签订了不平等条约，实际上这是很冤枉的，因为当时他已经尽了最大的努力，把损失减到最低了，可是所有人都骂他，最后他在众人的唾弃、谩骂中惊恐孤寂地离去。其实在那个时代有很多实质上很好的人，只是因为大家对他不理解、不谅解，所以就被污名化了。

51岁的时候，曾国藩指出："购买外洋船炮，为今日救时第一要务。""时"就是时代，每个时代都有每个时代最重要的事情。打败太平军不是最重要的，因为你打不过来，这里平定了，那里随时可能又有人打起来。我们要做的最根本的事情就是自救，要自救就得去买外国的洋枪洋炮，但是只是买外国的东西，我们还是没有根，所以他主张自己制造，"必须于购成之后，演习制造，使火轮船成为中外官民通行工具"。

55岁的时候，曾国藩成立了江南制造总局，并附设翻译局，翻译了西方很多书。轮船招商局后来得以设立，也是由于他的鼎力相助。他当时极力主张要赶快设立招商局，因此也有很多人骂他，骂他是崇洋。我顺便说一下，崇洋媚外其实是两码事，崇洋是崇洋，媚外是媚外，我一点也不反对崇洋，全世界的人都崇洋，为什么？因为好奇，不了解，所以就总想试一试，这没什么不好，这是人的本性。如果连一点好奇心都没有，连一点崇外的心都没有，那这个人就太保守了，就很难有长进。但是千万不可以媚外，比如现在所谓的"哈日族""哈韩族"，就有些过分，太疯狂了，很难想象他们心目中是否还有祖先的存在。

所以说近代中国的维新自强，曾国藩的功劳确实很大。始终记住一句话：中国不能自大，可以学习西方的科技，但是不能忘本。这三句话只有连在一起，才是一个完整的正确思想。

第二节

官场生存智慧

曾国藩既然同时被奉为官场的典范，那么他关于做官的言论也就更值得我们细细品读，以从中汲取他在官场中的生存与应对智慧。

一、闲忙无度的三大病根

"为官者，闲起来闲得要死，忙起来忙得要命。清闲时可以从从容容，忙碌时焦头烂额。"很多做官的人都是没有事情的时候，不知道要想什么；可是一有事的时候，就头昏脑涨，焦头烂额，想不明白，所以不管有事还是没事都不好。曾国藩专门指出了他们之所以会这样的病根。

▶ 缺乏实际工作经验

有实际工作经验的人听别人说话，基本都能马上感觉到对方是在谈理想还是在谈实际，是有实际经验之后再谈理想，还是空有理想而乱评实际，这些他都能知道。可是没有实际经验的人就听不出这些了，他不仅听不出所以然，而且自己说的话也大多都不实在，都是空话，过于理想化，甚至还可能会害死人，对这种人我们要随时提高警惕。

当官最要紧的就是要能决断，我们现在叫决策，可是没有实际经验的人往往难断难决，不知道怎么下决心。现在有很多人也是如此，你说这样，他就偏那样，有人说那样，他又偏这样，早上刚说不行，下午又说也可以，可到了晚上又说明天再谈，一天改好几次。一拖再拖，最后就变成能拖就拖，能推就推。拖到没有办法，才道歉说："不好意思，时间太紧了，所以我来不及想，只好先这样，以后再说。"这都是今天官场上很常见的现象。什么叫"拖"？就是把时间拖过去，认为时间可以解决问题，因为人是健忘的动物，拖到最后大家都忘记了，他就什么事都不用做了。

现在的社会也是这样，比如一个人闹出了一件事情，刚开始媒体天天报道。可没几天又出现一个会打球的人，大家就都去看打球的了，之前那件事情就被忘记了，这说起来似乎很奇怪，但事实就是这样。因为人往往容易被外界牵着跑，从而忘记了什么是重要的，什么是不重要的。

能推就推，是把责任推给别人，能拖则拖，则是拖时间。这个毛病如果不改的话，当官的会越来越不受大家信任，而他自己做事情也会越来越困难。当老百姓什么都怀疑你的时候，你一有任何动静，就会有很多人出来攻击你。对于普通人来说同样也会有影响。比如，如果老板信任你、赏识你，在你说了一个意见之后，他就很可能会说你这个意见很好；如果老板不信任你，对你印象不好，那么，在你说了你的想法之后，他即便心里承认好，嘴上也还是会说："这么好的意见怎么现在才说，以前为什么不说？"反正无论怎么说，都有他的理由。所以无论为官还是做人，都一定要有责任感，要守信用，这会决定你的个人信誉与口碑，进而直接影响你的人生走向。

有实际工作经验的人，往往能很快透彻地看清事情的本质，甚至预知其结果与走向，从而做到胸有全局，所以就更容易做出决断。当断即断，而少拖延，这样的人当然就更能获得他人的认可与信任。

▶ 没有正常工作秩序

当官的第二个病根是没办法按部就班，总是头痛医头，脚痛医脚，赶上什么就忙什么。这又是缘何？因为现在过于讲究透明化。比方说如今的民众选举就非常强调透明化。但是最近哈佛大学有一个研究报告显示，世界上凡是采用民众选举方式的国家好像都比较动荡，民众叫苦连天之声不绝于耳。

选人一般有三种方法：一种叫考举，一种叫推举，一种叫选举。考举就是所有人都来考试，考完之后按名次排名。就像一个筛子一样，筛到最后一般都是非常经得起筛的人。但是完全靠考举也很危险，因为有可能选出很多只会读书，却什么都不会做的人。推举就是把大家都觉得好的人推荐出来，但这也有危险，因为可能出现乱推举的现象。更危险的是选举，因为目前很多社会实践已经证明，选举往往不能选出最好的人，因为最好的人，多半都会懒得来这一套，也懒得走这种流程。所以最好是考举、推举、选举三者并用。

以前真正好的人才，就算没有学历，他也照样可以到大学当教授。现在却很难，因为几乎没有一个校长能有这种魄力，敢冒天下之大不韪。如果钱穆活在我们这个时代，他肯定一辈子倒霉，因为他没有学历。王云五不是博士，可是台湾第一批博士都是他指导出来的。现在你如果不是博士，想当博士生的指导教师，别人一定笑掉大牙。那这算是进步还是退步呢？任何事情都应该有其机动性，能根据具体情况做相应的调整。只有一种绝对的形态，最后往往很难长久。人类要慢慢朝这个方向去想，慢慢改变观念，改变做法。

那么，为什么透明化的结果会不好呢？我们前面讲过，因为一切都透明化的时候，你的一举一动都会招致别人的非议或反对，你根本没法做决定，也没法做事情。所以过度透明化的结果就是顾此失彼，杂乱无章，最后什么也做不成。

▶ 缺少与下属的交流

这一点尤为关键。很多上司习惯坐等下属向自己报告，那他们就会越来越偏离实际，最后可能导致决策失误，一败涂地。因为没有人会那么傻，把真相全告诉他们。假设你今天早上出来，在路旁水沟里面发现一具尸体，你会立刻去派出所报案吗？大概不会，为什么？因为你怕被派出所的人怀疑跟你有关系，"肯定跟你有关系，不然别人怎么都没看到，就你看到"。于是你心里肯定会有一点疑虑，也可能会想多一事不如少一事。再比如在公司，你如果向主管报告坏消息，主管一般第一个骂你："你怎么做事的，怎么弄成这样？"这不是自讨苦吃吗？所以为什么中国人碰到事情不愿意去报告，就是因为他知道别人的第一反应会是怀疑他、骂他，"我去讲，我肯定倒霉"。可是他不报告，心里又会不安，报告又觉得会倒霉，所以就让别人报，"我赶着要上班，你们快去报告"。由此也可以看出，很多行为后面往往有一个根深蒂固的观念，一定都有它的原因。

　　事情越多，你就越不清楚真相。通常一句话，一个接一个地传给几个人之后，它就失真了。因此主管必须要主动跟自己的部属交流，而不是坐在那里等。其实一直到现在，当官的还是有官架子。一个当主管的人，脸上的确需要有阴阳，不高兴就是不高兴，高兴就是高兴。但是你要清楚，这是用来暗示人家，而不是用来给人家脸色看的。"我脸色之所以改变，实际上是在暗示你，为什么我不明讲？我不明讲，是怕你受不了。你错了，我不讲，这是尊重你，因为你平常做得不错。如果你稍有一点错误,我就骂你，那对你不公平。而他稍微有错，我就骂他，是因为他平时表现就不好。我板脸，实际就是在暗示你，你改过来就好了，我不会明说。"所以反过来，下属也要明白，主管不明讲，其实是尊重你。主管明讲，往往就说明他并不太把你当一回事。

　　作为上司，你一定要主动地去看、去了解，而不是等人家向你报告。但是也要注意，不要轻易被骗。有时候你所看到的是假的，这一点也是当官的人要非常小心的。当官的人如果看到部属好，就认为他好，就很容易受蒙蔽。因为他知道你喜欢什么，他就会专门做你喜欢的给你看。这就是为什么很多当官的人最后都被少数小人包围。你看到的,你不能不相信,因为是你亲眼看到的；可是你看到的，你不能绝对相信，因为别人会装出来骗你。这也是《易经》告诉我们的道理。

　　我也当过很多年的主管，当我看到一个员工表现很好的时候，我不会相信，也不会不相信。我会怎么办？看具体情况。我之后会再偷偷问他的主管"他人怎么样"。结果这位主管说:"这个人只会做表面的,你来的时候他装得很好,你一走开他就原形毕露了。"那我会相信主管吗?我也不会相信他,因为说不定那个人确实很好,他就是想把那个人压下去,保住自己。我再问别人这两个人处得怎么样,结果人家告诉我,他们两个人就跟冤家一样。这样我就知道了,都不能信。

所以为什么一定要货比三家才不会吃亏。同样,一件事你也要问三个人、五个人,综合起来才知道,这里面有很多纠缠不断的东西,然后你去理清楚,你才能大概知道真相是什么,这才叫"八九不离十"。这是当领导的人必备的修养,别人告诉你什么,你当然要听,但不要完全相信,也不要完全不信,你再问问其他人,或者事后再单独问问他,因为他可能当时是没有办法,才不得不那么说。事后再让他讲实话,你才能知道实际上到底是怎么回事。

要明白真相是不容易的,不要太相信你的眼睛,也不要太相信你的耳朵。闽南语里有"耳孔轻"的说法,耳孔轻的人是最吃亏的,别人讲什么你都相信,你就很难弄清楚事实真相。另外,作为领导还需要清楚一点,越是忙的人,真正在做实事的人,应该是越没有时间跟你讲东讲西的;而越是没有事情做的人,他怕你觉得他没有事情做,就越会无中生有,天天来向你打小报告。

二、顺应时势,当机立断

▶ 识时务,顺时势

我们常说"识时务者为俊杰",什么叫作"识时务"?今天十个人里面有八个人会把它理解为"投机取巧",迎合时代潮流,这个观念其实是不对的。要正确理解"识时务",关键在于对这个"时"字的把握。"识时务",是指一个人如果觉得自己应该出来做事,才出来,而且当仁不让;否则,他宁可归隐,不管什么时候,也不管什么情况。这跟现代人的观念有很大差异。现在很多人是看时势怎么样,然后去迎合时势。所以,真正的"识时务"必须要合乎时机,要务本务实。也就是说,你是个什么样的人,你就要做什么样的事情,如果这个时代不适合你出来,你就绝对不干。现在有这种勇气的人很少,多半都是投机分子,所以很难真正做到"识时务"。什么才称得上"俊杰"?首先必须才智过人,才智过人是自我的条件。其次就是要能顺应时势,识时务。当然顺应时势也分为两种:一种叫作同流合污,一种叫作当仁不让。俊杰就是当仁不让的,"已经到了这个地步,所以必须做,不做不行"。

可以说曾国藩的一生就是识时务的一生,他的一生之所以走得那么漂亮,那么成功,很重要的一个原因就是他"识时务",知道什么时候该做什么不该做什么,什么时候该潜伏积累,什么时候该当仁不让出山。每一步都处理和表现得近乎完美,将负面因素降到最低,甚至使自己化险为夷,最后才得以善终。当然曾国藩也并不是天生就具有这种能力的,他也是慢慢修炼出来的。大家可以结合前面讲的曾国藩的一生经历来做具体分析(详见第一章第二节),看他究竟是如何识时务的。

▶ **不迂腐,懂变通**

要做到识时务,能非常自如地顺应大形势,就必须在忠厚老实的基础上，懂得灵活变通。

我们来讲一件很有趣的事情。有一次曾国藩在他办公的地方，远远看到有一个穿官服的人跟公差在说什么，还一直对公差鞠躬作揖，可是那位公差就是摇头，"不行，不行"，最后那个公差走了，他觉得很奇怪，但也没有问。第二次又看到这个情景，又是那位官员低声下气地作揖，公差还是摇头，曾国藩还是没问。第三次就不一样了，那位官员不知道给了公差什么东西，公差就点头了，然后就引见那位官员来见曾国藩。

见面之后，曾国藩就问那位官员："你到差几天了？"那位官员说："我到差三天。"曾国藩心里就想："到差三天，三天都在这里晃悠。"然后继续问道："那你到差三天，为什么到现在才来见我呢？"那位官员一句话都说不出来，他不方便说，他敢说"我之前没贿赂他，他不让我见，我今天给他钱，他才引见我来"吗？他即便敢说这种话，曾国藩也不敢用他。所以他就不说话，很尴尬地站在那里，曾国藩心里完全清楚，然后就问他："你那个单位现在还有没有空缺？"他说："已经满了，不过大人您如果要安插人的话，我随时可以安插。"

这就叫"中国式"，"中国式"就是没有预算，"不过你真的要，我可以拨给你名额"，一直到今天还是这样的。曾国藩怎么说？他的回答简直可谓妙不可言。他对那位公差说："你在我这里，跟我这么久了，我始终没给你安排一个好职位，现在难得他新官上任又有空缺，你去跟他好了。"所以你说曾国藩是个老好人吗？绝对不是，那他是为人狡诈，喜欢整人吗？也不是，你要慢慢去体会他为人处世的艺术。一个人要老实，但是不能太老实；一个人要认真，但又不能太认真，这才叫中国哲学。

有一位总经理问一位已经跟了他七八年的经理，说："王经理，你跟我这么久，你觉得我这个人怎么样？"王经理说很好。"少来这套，好在哪里？"王经理说都好。"你就讲一点。""你很认真。""当然得认真了，不认真还能混到现在吗？那我的缺点呢？"王经理说："你没有缺点。""少来，说一个。"王经理说："你太认真了，那么认真干什么呢？"就是这样，一个人不认真不行，太认真，别人就没办法跟你合作了，你如果样样都管的话，别人也是没办法受得了的。

▶ 有胆识，能决断

曾国藩非常懂得"识"这个字的重要性，"识"在这里念zhì，而不念shí。那么怎样才算有"识"？"天赐良机，稍纵即逝"，机会一来，马上会一闪而过，你要不要抓住？你不抓住会很可惜，抓住机会又会很危险。所以还是要兼顾两面。时时刻刻都要记住，天底下的事永远都是摇摆不定的，有可能这样，也有可能那样，绝对不可以一厢情愿。我们现代人往往都喜欢一厢情愿，"绝对稳当，绝对没问题，包你没事"。实际上没有这种事情。事情永远是有两面的，"有一好，无两好"，有风险才会有收获，而要有收获就一定要冒险。要有所作为，就要善于把握时机，这就需要胆识。

借助胆识，经过深思熟虑做出选择，凭多年经验积累直觉，洞察形势，做出敏锐反应，不犹豫，不武断，而是当机立断。可是现代人很麻烦，你稍微延迟一点，别人就会说你犹豫不定；你稍微出手快一点，又会说你武断，这就让人没有办法做事情。既不能武断，又不能犹豫，那我们该怎么办？这就需要我们具有高度的胆识，才能把握准确的时机，做到恰到好处。

"不以小利害大利，不以小局害大局。"这句话最重要。现代人对曾国藩留下的这句话如获至宝。我们常常就是看到"小利"，忘记了"大利"，也常常用"小局"来影响"大局"，这其实都是本末颠倒的。

三、急流勇退，明哲保身

曾国藩一生最了不起的一点，同时也是最能给我们作参考的，可以说就是他功成身退，得以善终。

湘军由很少的一千人，最后发展到五十万人，和清朝的正规军人数相差无几。湘军有一个明显特点，叫作"兵为将有"，湘军所有人都绝对服从曾国藩，他们不认皇帝，只认曾国藩，以曾国藩为首。大家想想看，军人心目中有谁？只有将，没有皇帝。所以为什么国际象棋有 King，有 Queen，而我们的象棋只有将和帅，没有君王，因为皇帝都是躲在后面的，他不会跑到前面来。但是将、帅在象棋里面就代表君王，为什么？因为对方要将你的时候就叫将军（君），没有说将将、将帅的，而将军就是将你的王。

湘军为什么都团结在曾国藩的左右？因为曾国藩大量举荐人才，当时几乎有一点点名望的人，都是他举荐出来的。中国人非常讲渊源，谁提拔你，谁赏识你，谁给你机会，你都会感觉好像欠他一份人情似的。所以当时如果湘军首领联合起来造反的话，后果将不堪设想。这就弄得曾国藩很为难。只要他一声令下所有人都服从，这好不好？其实也不好，因为这样连皇帝也怕他，也会感到受威胁，那他的处境自然就危险了。

"有清以来，汉人获得最大权力的，即曾国藩"，所以害得他"时时警惕，居安思危，审时韬晦"。咸丰皇帝说了一句话："没想到一个书生，竟有这么大本事。"他这一夸奖，就使众大臣产生妒意，于是都拼命在皇帝旁边说曾国藩的坏话。所以老板要不要奖励干部，要好好想一想。我经常参加公司年会，我注意到一件事情，就是一般年会的时候，老板如果重奖一个人，第二年我再来的时候他就会不见了。中国人最团结的就是"我们一起来把老板欣赏的人干掉"。谁让你夸他呢？你夸他干什么？你要夸他，就在私底下夸他，公开夸他干什么呢？做任何事情，都必须考虑后果，考虑初衷与实际效果。

咸丰说了这句话以后，众大臣也回了一句话："在籍侍郎居然一呼百应，恐非国家之福。"咸丰一听，半天不说话，心里就准备要杀他了。后来咸丰找了一个满族人，名叫胜保，并赐他一把神雀刀，特准他可以先斩后奏。至于斩谁，大家就很清楚了。咸丰其实也一直想吞并湘军，可这样一来就造成满汉之争，也进一步促使曾国藩必须要很谨慎地去应对，也就是"明哲保身"。我希望大家重新好好认识这四个字，因为现在一般人都反对明哲保身，"你只顾你自己而已，你不顾别人，不顾大家"。这样理解是不对的，一个人如果连自己都保不住，又有什么能力去保别人呢？你要明哲保身，就得把自己先顾好，然后才有力气去帮助别人，这是很实际的。你本事再大，可你如果死于非命，不能完成自己的使命，最后你在历史上会被怎么评价，我相信大家都很清楚。

　　历代改革派很少有成功的，王安石、王莽等人的变法改革，均告失败。这是曾国藩的顾虑，"你不要看自己现在势力那么大，真正等到你把野心暴露出来的时候，后果会怎么样？"所以最后他裁军自抑，保持低调。他打赢太平军之后，能不能辞官呢？如果你是曾国藩，当你把太平军消灭以后，你敢不敢说"我要辞官回归故里"？你说要辞官，那你明摆着就是在向皇帝挑战，"你准我辞官,我回去就跟你对着干"。你也不要说"我是真的想辞官"。因为你越说你是真的，他越会认为你是假的，你越说你很诚恳，他越会认为你不怀好意。

　　不能辞官，皇帝又对自己有误解的时候，曾国藩该怎么办呢？第一,一定要逃回家乡。但是有一个原则，逃回家乡之前，要先看看家乡有多少人，如果只有三百个人，他可以放心地回去，如果有一万人就不要回去，为什么？因为皇帝一听说他回家了，就会问他家那边有多少人，如果下面回话说是三百人，"那没有关系，让他回去好了，就算三百人总动员也没有用"，可是如果说是三万人，"半途就把他干掉，怎么能让他回家呢？"现代人完全不会有这种警觉心，跟年轻人谈这些事情，他们也不会有这些概念。所以为什么历史上有些人可以安全地逃回家，有些人半路就一定被打死，就是这个道理。但是跑多远呢？很多人可能会说越远越好。不是越远越好，而是得看你的官位大小。跑得越远的，往往官就越大，要不然他跑那么远干什么呢？他跑个十里、二十里、三十里，皇帝就会放心了，他会认为这个人官小，即便造反也不会怎么样。

同时大家也就会明白为什么很多很名贵的文物,经常是在边陲或者很荒僻的地方发现的。因为一个人要跑,总会带几件贵重的东西。所以在云南、福建这些很边远的地方会出土那么多珍贵文物,就是当年那些大官跑的时候一路带过去的。

很多事情都是有道理的,大家要好好去体会,好好去琢磨。不管怎样,一个人,低调一点总是稳当,高调一点总是危险。不得已才高调,尽量保持低调,这就叫"明哲保身"。

在这种处境下,曾国藩讲了一段话,大家可以细细品味其中的道理。"人以极品为荣,吾今实以为苦懊之境。然时势所处,万不能置身事外,亦惟做一日和尚撞一天钟而已"。每一个人都应该抱这种心情,"做一天和尚,撞一天钟"。我们现在都觉得这样不好,其实是误解了这句话。老实讲,你只需要把这个钟撞好就可以了。和尚不撞钟,那他该干什么?大家再看看,现在有些和尚在干什么?天天出去化缘,化不到就用讨的,讨不到就用骗的,无所不用其极,已经不像是和尚了。你本来就应该做好自己应该做的分内之事。

正因为如此,曾国藩后来因平定太平天国有功而被封一等毅勇侯,而且还可以世袭的时候,他就让曾国荃尽快引退,同时奏请将湘军遣散,因为他知道再这样下去会非常危险。但"只对自己去留,只字未提"。这就正和上意,于是上面就派他任两江总督,并遣散大部分湘军。

他也深刻地体会到"慎始才能善终,善终难于慎始",开始的时候很重要,否则后面就会很麻烦。我们常说"万事开头难""好的开始是成功的一半",所言也即此理。

四、公私界限，务必划清

曾国藩在老家守母丧的时候，有一次外出不小心被太平军抓住，最后还暴露了身份。正在太平军对他进行威逼利诱，使他陷入两难境地之时，侠士康福挺身而出，将他从"火海"中救了出来。

康福救了曾国藩的命，是他的大恩人，可是他并没有因此就保举重用康福，为什么？因为康福大字不识一个，只是有侠义，会救人。那曾国藩是怎么做的呢？他把康福放在自己身边，不断地教导他，而且在生活上处处照顾他，还从自己的俸禄里抽出钱来，以康福的名义，买了一座大宅院，另外还给了他三百亩水田。

曾国藩就是这么了不起。不能不报恩，但是不应该出公账，不以官禄报私恩。康福救他是私事，他只能用自己的钱去帮助、照顾康福。他不能派康福去当个什么官，然后给康福俸禄。他不出公账，但是他照样要报答别人的救命之恩，这是他做事的原则。公私一定要分明，别人才会心悦诚服。现在的人却不是这样，你帮过我，对我有好处，我就用公家的官位来酬谢你。大家不要以为这只是一件很小的事，实际上这很难做到，因为给康福安排一个官位对他而言本来就是轻而易举的，他随便推荐一个人都可以，而且当时的风气就那样。但是曾国藩就能做到公私分明，这就是他值得我们学习的地方。

五、孤傲、多言最易致祸

我们前面说了，曾国藩并不是生来就那么有修为的。他说自己在京为官的时候，因为年轻气盛，时有傲气。年轻气盛是很多人都经历过的。很多人，尤其是年纪比较大的人，现在时常想起以前一些事情，还会让自己脸红，这有没有关系？没有关系。从现在开始，把它纠正过来就好，让自己走上一条正道，这才是要紧的。总是后悔以前，总是回忆以前，不是好现象。以前无论怎么样，发生了什么，都过去了，结束了，当作教训，不再犯就好。

曾国藩还特别喜欢跟那些有很有名或很有地位的人为仇，所以导致他有十年非常辛苦，要钱没钱，要官也不给他当，让他感觉很委屈。但这都是他自己造成的，谁叫他得罪的人那么多。

在长沙办团练的时候，他动辄指责他人，与地方上的巡抚结怨很深。在江西打仗的时候，他和地方官员也有隔阂。47岁那年，他在家守父丧，经过一年多的反省，"深悟长傲、多言，是官场致祸的根源"。一是有傲气，一是话太多。看到这里，有人可能会问，那到底要不要说话？这是很关键的问题。因为很多人在你不说话的时候，就会骂你："你不说我怎么知道"，而在你说话的时候，他又会骂你："你不说我也知道"。说也不对，不说也不对。很多年轻人就会说，"那干脆死了算了"，这叫自暴自弃。

我前面提过，中国人是全世界最早懂得品质管理的人，总是上下给你卡住，让你在两端之间取得平衡，达到最佳状态。多言必败，不言又会引起误会。当你什么话都不说的时候，所有人都会觉得："这人心机太重，什么话都不说，老要我们猜，这样的人怎么跟他打交道？"可是你一多话，老实讲，这时候你的话多半是没有人听的。当你碰到一个人，他从头讲到尾的时候，他的话你会听吗？你根本不会听，你会感觉听着很累。

我就经常碰到这种人。有一次我讲完课出来，有个人跟上来说："老师，我想请教您一个问题。"我说好。然后我一路走，他一路讲，一直到停车场，他替我开车门，最后说再见。你说他这是要说给我听，还是要问我问题？我上车之后就很后悔："听那么用心干什么？"我根本就不用听。你既然要人家回答你问题，就要留点时间给人家，你才会有所得。自己从头讲到尾，那只是在浪费别人的时间。但是老实讲，我也欢迎这样的人，尤其是吃饭的时候，这样我就可以吃饭吃得很愉快，因为我知道我完全不用听，可以安心吃饭。我讲的都是实例，只是我们常常不了解自己，才不知道问题所在。因此我们要把彼此当作一面镜子，相互提醒，然后慢慢改进自己，提升自己。

如果说一个人天生就是好人，那就说明他这辈子没有好好修炼，也没有修炼的必要，那就叫"不长进"。其实我们每个人本来都有很多缺点，我们这一生就是要不断发现自己的缺点，不断改进，然后让自己从茅塞未开变为茅塞顿开，到最后自己有一些独特的心得，这才是我们这一辈子最大的成就。

六、熟读历史，灵活运用

在翰林院的那九年里，因为北京人才荟萃，曾国藩便到处结识志同道合的朋友。其中有一位叫唐鉴，是当时很有名的理学家。唐鉴告诉他："经济不外读史。"这句话如果让现代人解释就糟糕了，因为现代人一听到"经济"就会想到赚钱。"喔，你要赚钱，你就赶快读历史。"这肯定不对。这个"经济"是治理国家，救助老百姓，是指经国济世，而不是现在所讲的"经济"。可是读历史，是要读历史的什么呢？我前面已经讲过了，读历史背后的道理，而且主要是要有历史意识。

就像看人一样，一般人看相只是看外表而已，这没有用。人有三层，第一层是表皮的，第二层是骨肉的，而最深层的则是人的心。最会看相的人能直透人心，能马上看出你是怎么想的，可是这种人太少了。所以为什么有人要看八字？就是因为看不懂心，那就只好看八字。八字也不懂，就只好看面相。人有三层，要一层一层深入，否则你一定会看错人。读历史如果只记得年代，只记得皇帝，只记得当时发生了什么事，只记得这些表面的东西是没有用的。我们读历史是为了现在，为了当前能用，这才是真正的价值。

曾国藩听了唐鉴的话，就悟出一个道理："以礼为本，发挥究天人之际，通古今之变大用。"任何事情都要以礼为本，这个"礼"跟道理的"理"是相通的。中国人经常把读音相同的字相互借用，我在这里顺便提一句，为什么《易经》的乾卦主要讲龙，为什么我们说自己是龙的传人，如果大家懂闽南话，就会更容易理解。闽南话中"龙"的读音是"灵"，"一尾活灵"，这里的"灵"就是灵魂的意思，就是灵光、灵巧，就是让别人没法弄清楚自己是什么样子。一个人如果一下就被摸清楚了,那你还有什么用呢？现在都讲透明化，透明化有什么用？很多人就是脑筋太简单，眼光太浅，思想也不够灵活，这些都需要慢慢去改变。

"以礼为本"是没错，但是"礼"如果形之于文字就叫制度，而制度往往就比较僵化了。我不是反对制度，但是根据我长期的观察，我认为制度是把人箍得死死的，让人动弹不得的东西，绝对不是最好的。但就目前来看，我们一定要有制度，可是如果百分之百按照制度去做也不行，制度是要有弹性的。可是有了弹性也会有麻烦，同样一个案子，这个法官判三十年，那个法官判两年，这怎么行？所以最后还是要靠人。我们现在都讲法治，依法不依人，其实这是行不通的，都只是自我安慰而已。一定要记住，天人是离不开的。怎样在天人的关系当中，走出一条于当前亦合理的路，这就叫"经济"，也就是说最后一定要真正化为自己能用的治国治民之道。

第七章

实在是理想楷模

曾国藩为什么尤其值得我们现代人研究、学习与效仿？因为他实在是我们理想的楷模。

什么叫"理想"？让别人满意的，就叫理想。但是如果有人挑你的毛病，那有没有关系？没有关系，因为本来任何事都是见仁见智的。一件事情或者一个人，有人觉得好，就会有人觉得不好；有人认为有价值，也有人认为这不算什么。你要做的就是尽量让更多的人满意，但你心里要清楚这个事实，不能过于看重或纠结于这一点。

什么叫"楷模"？楷模就是典范。关于这一点我们要好好地探讨一下。

西方人为什么崇拜英雄？因为他们有一个共同的主人，那就是上帝；他们有一本共同的规范书，叫作《圣经》。而我们没有，我们知道世界上没有两个完全相同的人，我们也找不到两棵一模一样的树，甚至连树叶也不可能有完全一样的。所以我们认为谁也不要学谁，因为学不像，而且就算学得很像，也会没有尊严，那你就变成他的奴隶、他的复制品了，这毫无意义。我们不崇拜英雄，"你那么好，我还崇拜你，那我不成马屁精了吗？我干吗要给你锦上添花？"

我们比较重视的其实是豪杰，而不是英雄。我们也不认输，为什么不认输？因为我们知道人一认输就什么都完了，那就叫"泄气"。气一泄了以后，你想再把它充实起来就会很难。可以说，中华民族就是靠不认输才得以持续绵延的。

我们只能靠典范、靠模仿典范来学习和提升。西方人往往会告诉你，你要学他，而且也会告诉你应该学他什么什么，都会讲得很清楚。而中国人却不是，中国人只会告诉你要把他当典范，至于你要学他什么，每个人可以不一样。其实这也是受《易经》的影响，《易经》就告诉我们，宇宙的一切一切，四个字就讲完了，那就是"大致如此"。大概就是这样，不可能百分之百完全一样，这也是合乎自然的现象。我们模仿典范也只需要做到差不多就好，因为条件不同，环境不同，你不能过于勉强自己完全遵照别人。

有人可能会说，不是要"见贤思齐"吗？见贤思齐的前提是要有同质性，如果没有同质性，最好就不要学。比如一个人很会弹钢琴，你就拼命想向他看齐，而你根本连五线谱都看不懂，那你就是要累死自己。或者一个人很会打篮球，你要向他看齐，可是你身高不够，你再跳也跳不了那么高，那你学他也是要累死自己。如果你打篮球，他也打篮球，他打得比你好，那你向他学习就没问题。所以同质性很重要，异质性太高的，不要勉强自己去学，你就好好做你自己，好好走你自己的路就行了。

第一节

三不朽典范

曾国藩一生的成就，主要表现在他是三不朽的典范。什么是"三不朽"？"三不朽"就是指立德、立功、立言。

我们为什么把立德摆在最前面？一般人总认为立德最难，立德是很难，但其实立德还算是三不朽中最容易的。因为你不必做大官，不必有大事业，也不必写书，只需要立德就够了，就能不得了了。比较难的是立功，因为你需要有机会，如果没有机会，那么即便你本事再大，也立不了功。最难的是立言，因为你写书，即便写了一辈子书，你的书能够存留二十年就不错了，很多书都是没过多久就不知道被丢到哪里去了，没有人会再记得。大家应该知道，台湾现在印的书，其实有80%最后都在切纸厂被切掉了，你不要以为大部分书都很畅销，没有那回事，所以立言是高度困难的。可是曾国藩三样都做到了。

一、立德：晚节得以保全

曾国藩最了不起的是他能功成身退，这一点是很难做到的。一般人一旦有了权力以后，都想一直做到死，其实这是对自己很不利的事情，可是真正要放弃很难。刚开始都会说"我做到某个层次就怎么怎么样"，可是真到了那个时候，很多人就不会信守承诺了，就想一直做下去才好。就算有任期制也没有用，他们也还是要继续干预。所以有的是明的"太上皇"，有的是暗的"太上皇"，有的更有意思，是自己认为自己是"太上皇"，你说可笑不可笑。

曾国藩却能做到保持晚节。晚节不保是很不幸的事情，但是晚节又很容易不保。有一句话叫"老来入花丛"，那就是典型的晚节不保。

台湾大学有位教授,他写了一本书很畅销,然后书店老板就请他吃饭:"你这本书让我赚了不少钱,我请你吃饭,以表我的敬意。"吃完饭书店老板又说:"我们去舞厅吧。"这位教授马上说:"这怎么行?我是教授,怎么可以进舞厅?"书店老板就说:"你就去一次有什么关系,下次不去了,不要说你不去,我也不去了。"教授一听,"就一次?可以,只有一次"。过了一个星期,这位教授打电话给那位书店老板:"我请你吃饭,吃完去舞厅。""你不是说不能去吗?""一次,就这一次。"然后一次加一次,又一次,再一次,最后把所有的版税都花光了,把房契也拿出来当掉了。这就是晚节不保。

二、立功:开创中兴大业

曾国藩是清朝的中兴大臣,对清朝的政治、军事、文化、经济等方面都产生了深远的影响。这是大家公认的,这些也都可以算是他的功绩。清朝那时候实际上已经快速地在没落了,他带领一帮人振兴,成就是很辉煌的,虽然这个振兴也只是暂时的,但是最起码让清朝又多撑了一段时间。那时候他的贡献之大,大家对他的尊敬,以及后来世人的评价,都表示他的确是个非常了不起的人物。

三、立言：家书广为流传

说到立言，曾国藩所著书籍中流传最广、声名最显赫的就是他的家书。但是大家是否想过，有谁写家信会让所有人都知道呢？所以也不排除他借家书来向皇帝表明心意的可能。如果这条推测真的成立，那就不得不说曾国藩这招很是高明。因为曾国藩写信给他弟弟，写信给其他任何人，都会有人传，然后就会有人密报至朝廷。而皇帝听了这些以后就会比较宽心，就会认为曾国藩还会讲这样的话，应该不至于会叛乱。另外，他还有一本书，就是我们前面讲过的《挺经》，一直流传至今，而且对于我们现代人而言依旧非常适用。除此之外，还有人认为《冰鉴》也是出自他之手。

‖ 第二节 ‖
千古第一完人

有一位史学家叫郭斌和，他曾对曾国藩作出极高的评价。他还具体地分析了曾国藩的特点，我们一起来好好体会、领略一下。

一、德才兼备，文武双全

他说："我国过去教育目的，不在养成狭隘之专门人才，而在养成有高尚品格、多方发展之完人……曾文正公，即我国旧有教育理想与制度下所产生最良之果之一，故能才德俱备，文武兼资。"

"才德俱备，文武兼资"，这是很难得的，尤其是"文武兼资"，因为一般能文的人多半不能武，能武的人则多半不能文，很少有人二者皆能的，而且文武本身就是很难兼备的。

二、有宗教家的信仰

第二句话是"有宗教家之信仰，而无其迷妄"。这个"迷妄"是宗教家要特别小心的，一个人一头栽进某一件事物中后，往往就会觉得里面的东西样样都是对的。我们举佛教为例，因为它跟我们的内心最接近。佛教本身最要紧的就是没有分别心，可是台湾所有的宗教，包括佛教在内却都在说"别人的都是邪教，只有我的是正的"。这很明显就是不对的，你怎么可以有分别心呢？

作为一个宗教家，千万要记住，你可以说你的教义多么多么好，但你千万不能妄批别的宗教不好。现在各个宗教都很难做到这一点，道教说佛教不好，佛教说道教不好，基督教说其他教都不好。我很客观地讲，排他性最强的是基督教，佛教反而比较宽容，但是各个门派之间仍旧存在彼此否定的现象。这就叫"迷妄"，迷惑而不切实际。曾国藩就有自己很坚定的信仰，却没有这种"迷妄"。

三、有道德家的笃实

第三句话是"有道德家之笃实，而无其迂腐"。一般人讲道德，多半会流于迂腐。什么叫"迂腐"？迂腐就是守旧，不随着时代改变，即便不合理的事情，也还要坚持。所以我一直不太赞成用"孝顺"这两个字。中国有"孝道"，有"孝心"，有"孝敬"，什么时候冒出一个"孝顺"来？我就不清楚了。如果你爸爸叫你做坏事，你也要顺他，也要听他的吗？有的妈妈还告诉儿子："隔壁家在盖房子，那里砖头一大堆，我们家刚好缺三块，你去拿，但是你不要一下子就拿三块，那样人家会看到，你一次拿一块回来就好。"还有的妈妈看到公共汽车来了，就把雨伞给儿子："儿子，你拿伞上去多占个位置，先不要管我，我马上就来。"这些都是很常见的事。那么作为子女，这些话你要不要听呢？听了之后还算孝子吗？而这种孝子又有什么用呢？

顺是很可怕的事情，但是不顺就是叛逆了。所以如果懂《易经》，你就会知道，站在不顺的立场来顺，才会顺得合理。千万不要盲从，盲从是很可怕的。爸爸的话如果是对的，那你就没有理由不听他的；爸爸的话如果是不合理的，你也不能当面顶撞，不做就是了，说不定他是说给别人听的，也说不定他是考验你的，他叫你去拿别人的东西，就是要看你到底会不会拿。你一定要有这种警觉性，自己要有独立清醒的判断，绝对不能说父母教什么，你就都听，就盲从。

为什么道德总是会让大家怀疑而不相信？因为道德家很容易唱高调，只会讲好听的，自己却做不到，而且一味守旧，哪怕不合时宜、不合情理，也要坚持固有的观念或做法，这就叫迂腐。

四、有艺术家的文采

第四句话是"有艺术家之文采，而无其浮华"。其实我用"可怜"

这两个字来形容艺术家，应该是一点也不过分的。当你把全世界比较有名的艺术馆都看完以后，一定会有一种感觉，艺术家真的是走投无路了。你说你画得很像，人家画得比你更像；你说你画得不像，人家画得比你还不像；你说你什么都不画，可以到纽约去看，一块大白布早已经挂在那里。凡是你能想到的，人家都已经做了，那你还能变出什么花样？所以既然不能画，有人干脆就拿墨来泼，就开始乱来，搞得乱七八糟不像样，还美其名曰"创新"。虽然还真泼出一派来了，但后面的人再要学，就学不像了。再来说音乐，老实讲，真正能靠音乐吃饭的人不多。大家想想看，一个大合唱团、大乐队那么多人，要维持其运转需要多少费用？所以我们真的要特别疼惜艺术家。我很少用"疼惜"这两个字，因为他们确实是有很大的抱负才会走上这条路的，否则的话，如果只是为生活，我想大概很多人不会走这条路。

很多艺术家都挖空心思想要推陈出新，其实这种思路和方向是有问题的。一幅画、一首曲子是否能够传世，不是像不像、画得好不好的问题，也不是用什么乐器、加入什么元素的问题，关键是它们有没有灵气。没有灵气的东西是不可能传世的。古董也要看有没有灵气，作品也是看有没有灵气。一个人活着也是看有没有灵气，没有灵气，那就是一条肠子到底，就不会有大作为。"浮华"是豪华而空洞不实，这是艺术家尤其要避免的。很多艺术家往往沉溺于艺术技巧或艺术语言的表达，过于追求华丽外表，哗众取宠，内里却空洞无物，苍白无力，没有灵气，这种作品肯定难以打动人心，也不会具有持久生命力。

五、有哲学家的深思

第五句话是"有哲学家之深思，而无其凿空"。什么叫"凿空"？就是立论无据，流于空谈。每次选举，你去问基督徒也好，问佛教徒也好，你问他们谁会赢，他们都会告诉你："我们宗教不干预政治。"其实他们不是不讲，而是不敢讲，要是万一说错了怎么办？对一般老百姓说错话问题还不大，一旦涉及政治，凭空乱说的后果就会很严重。而每年去抽签看国运，抽出来的也总会不一样，所以也会让人不知道该信哪个才好。

一般人更是如此。现代人越来越强调独立自主，越来越强调独立思考，但是往往喝了一点墨水，就像干瘪的麦穗一般高昂起头来高谈阔论，凭空说大话，殊不知自己所言脱离实际、空洞无物，而自己更如井底青蛙般浅陋无知。

六、有科学家的条理

第六句话是"有科学家之条理，而无其支离"。科学最要命的就是破碎到无法整合，这也可以说是科学存在的最大、最严重的问题之一。对于一个问题，你很难找到固定的答案，各种学说盛行，各家有各家的说法，各自有各自的道理，显得支离破碎，没有系统的理论体系，让人莫衷一是，痛苦万分。

七、有政治家的手腕

第七句话是"有政治家之手腕，而无其权诈"。你如果把"权谋"变成"权诈"，那后果就会很严重。"权谋"绝不等于"权诈"。

你可以变化无穷，可以出其不意，可以尽情使用各种谋略，但绝不能存心耍诈，那就既违反了你立人的根本原则，也违反了道德，而无德者从长远来看，通常都是不可能取得长久成功的。

八、有军事家的韬略

第八句话是"有军事家之韬略，而无其残忍"。老实讲，军事家往往到最后都会认为战争就是要杀人，所以慢慢地就会有一点残忍的倾向，会变得很凶狠、很恶毒。这往往不是其生性如此，而是因为长期在那种环境和氛围中受熏陶，已经形成习惯了。所以对于大多数军事家而言，他们自己就需要下很大的功夫去调整和改变，以回归自己善良、温和的本性。但不管怎样，军事家的战略意识、远见及胆识等，还是很值得我们学习的，只是要坚决抵制其残忍倾向。

第三节
百炼终成钢

曾国藩为什么能把他成功的基础打得那么稳、那么牢，一定有他的原因。任何事情一定有其成就的因由。根据我对曾国藩的了解与研究，我认为以下三点非常重要。

一、良师益友，遍结同人

在必要的时候，总会有良师益友及时出现，适时地提醒曾国藩。人有时候是需要有人来点醒的。所以我们常常说"点他一下""请多多指点"这类话，因为当局者往往是很迷糊的。这不是谁聪明不聪明的问题，而是看自己的事情经常看不清楚，看别人的事情反而看得很明白。所谓"当局者迷，旁观者清"，所以一生中最好有几个好的老师、好的朋友能及时地给自己一些提醒。

唐鉴当初劝曾国藩出山，"眼下洪杨作乱，三湘正遭涂炭。南望家山，不胜悲念……"郭嵩焘也说："难得而易失者，时也。顺时而动……"而张亮基、罗泽南更了不起，张亮基自愿交出领导权，罗泽南则大方地把自己手中的一千名团勇，也就是打仗的人，交给曾国藩。自己一手培养出来的人拱手让给别人，一般人是很难做到这一点的。左宗棠更是咄咄逼人，把他骂得无地自容。这就是在必要的时候给他"下猛药"，否则是叫不醒他的。

除了良师益友的帮助，曾国藩自己还聚集了很多志同道合之士。因为他知道人是群居动物，一个人的能力绝对赶不上集体的力量，所以一定要有人帮忙，才能做大事。比如当时非常有名的胡林翼、左宗棠、李鸿章、曾国荃，都是湘军的主要人物，他们都是由曾国藩大力提拔，后来成为封疆大臣，成为真正的国之栋梁。胡林翼甚至还超越了曾国藩，比他的职位还要高，可是他也不计较。

曾国藩之所以能够做到这样，就是因为他有足够的雅量。他在这方面对自己提出了严格的要求。第一，要能听真话，可以容纳不同的意见，不自以为是，不固执己见。这对一般人来讲，可能还相对比较容易，但对一个有权有势的人而言，是非常困难的。我问大家，我们身体的哪个部位是最早退化的？耳朵，而不是很多人以为的脚。人一出生，耳朵就开始退化。随着年龄的增长，我们会对别人的话越来越听不进去，所以越老越固执。因为我们会以为自己有经验，所以别人才刚开口，自己就会赶紧说："不用讲了，我都知道，你其实根本不懂。"所以我建议年纪大的人都开放一点，多听听别人的话有什么关系呢？不要太性急，要平和一点，包容一点。

第二，要能与胜过自己的人相处，并向他们学习，严格要求自己，以求不断长进。要做到这点也是很难的。曾国藩是不太懂谋略的人，大家不要以为他自己很会指挥，很会打仗。他打胜仗都是听谁的话？听胡林翼的话。胡林翼很会出点子。但是关键在于曾国藩作为一个领导者，他能听属下的话，大家都认为这样好，他就说"好，就这样办"。所以其实当领导的人不一定要样样精通，你只要协调能力高，会用人，并能真正用人，充分发挥人才的价值，就可以当好领导。更为可贵的是，他还能放下身段，虚心向所有具备胜过自己的优势的人请教学习，这就是"不耻下问"。他只求自己获得实实在在的长进，而不在乎一般人所在乎的面子与虚名。

第三，要能扩大舞台，使大家都乐于共事。其实刚开始他也不太推荐人，认为推荐人就要负责任，何必给自己找麻烦，后来是别人劝他，他才慢慢转变观念的。把舞台扩大，用我们现在很流行的话说，就是"把饼做大"。让更多人有机会在这个舞台上和他共同做事情，同时还要让大家很乐意一起共事，这就需要创造一个良好的环境，需要领导人的人格魅力，需要科学合理的制度规范等。但有必要指出的是，这么做不是出于功利考虑，而是从人的价值实现角度出发。也就是说，之所以不断扩大舞台，壮大队伍，不是为了一己私利，而主要是为国家培养人才，只是为大家提供正当方便的晋升途径，帮助他们实现自己的价值，而这本来也是在上者的责任与义务。

二、刚柔相济，外圆内方

曾国藩很值得我们学习的一点是，他很出色地做到了刚柔相配合。他告诉我们，为公办事的时候，一定要刚健倔强。曾国藩自幼受家训影响，"做人以懦弱无刚为大耻"。什么叫"刚"？"刚"就是倔强的意思。老实讲，曾国藩本来脾气是不好的，他很有个性，可他能做到坚忍，这就证明他的意志力是很强的，"遇到任何挫折，我都坚忍不拔，我一定要突破它"。

他打仗的时候，皇帝经常会隔空指挥，叫他这样，叫他那样。那他有没有听话？他没有完全听话，也就是说曾国藩并不是愚忠之人。前面提到他正带兵攻打安庆的时候，太平军把江浙一带全控制住了，咸丰皇帝让他撤出安庆，先把江浙收回，他就据理力争，最后终于使朝廷改变旨令。

这就告诉我们，为公办事，你该强硬的时候就要强硬，你不该听话的时候就要不听话，你该坚持的无论如何都要坚持。可是为私呢？争名夺利的时候，你就要谦让柔顺。为公要倔强，为私就要让，要柔，要退，要顺，要不与人争、不邀功。"有难先由己当，有功先让人享。"为人尽量谦虚谨慎，礼让低调，才不致处处树敌，才能不仅在官场如鱼得水，更能获时人尊重、世人敬仰。

适当的时候保持刚健，确实是必要的，但是千万记住，不可刚愎自用，刚健与刚愎自用完全是两回事。在京城的时候他"刚"得过火，因此遭受了很多挫折，之后才渐渐悟到"过刚易折"，那样自己受的伤害会很大，所以他就慢慢把刚转化成为刚健的意志。意志的确要刚，但是方法要柔，这叫"内方外圆"。一个人一定要内方外圆，"里面"方方正正，但是"外面"要做到随机应变，这样你才能够应付所有外来的变数。

58岁的时候，曾国藩当上了武英殿大学士，要知道，那是非常有社会地位的官职。他的儿子曾纪鸿当时考中秀才后，几次考进士都没有考取。我说这些的意思是说，曾国藩其实完全可以利用他的势力，可以去走后门，其实当时很多人就是这样做的，可是曾国藩没有。他写信告诫纪鸿："场前不可与州县来往，不可送条子。进身之始，务知自重。"让纪鸿考试之前不可暴露自己的身份，也不可以送条子请人帮忙。曾国藩还告诉他儿子，"这是你进入社会的开始，你一定要自重，否则的话，别人就会看不起你"。纪鸿没有考中进士，曾国藩就把他接到自己身边，亲自教他，坚持不走后门。

我想这也是我们现代人应该好好反省的。现在很多人走后门，总以为神不知鬼不觉，但到最后，总是闹到所有人都知道。我对中国人研究了很久，我可以讲，中国社会是一个完全没有秘密的社会。什么事情最后大家都会知道。中国人一开口总是说："你不要告诉别人。"对方马上会说："我不跟别人讲什么。"出去之后他立刻告诉别人。他心里会想："你叫我不要告诉别人，我就听你的？我要不要讲是我的事情。"

而且中国人都有一个非说不可的人。我跟你讲一件事情，你说"我绝对不告诉别人"。那你后来是不是故意要违背自己的承诺？不是，而是你回去碰到老婆，就会想："别人都不应该知道，老婆应不应该知道？如果我连老婆都不说，将来暴露出来，老婆一问我事先是否知道，那我就完了，从此就信用破产了。"所以你就下定决心，任何人都不可以说，但是老婆一定要说。然后告诉老婆不要告诉别人，这是天大的机密。老婆说："你说这话太过分了，我什么时候泄露过机密？"可是她一安静下来，就又开始想："什么人都不应该知道，要不要让妈妈知道？"所以每个人都有一个非告诉不可、不告诉他将来会闯祸的人。中国人是全世界对机密的传播最感兴趣的人，你越跟他说不要说，他越蠢蠢欲动，不说不行。

我觉得这其实是老天对中国人的好，因为这样就让机密永远无法存在，那就会让人不太敢做坏事了。西方是要有形式上的制衡。可我们中国呢？中国强调全民制衡，因此不要有形式上的制衡。如果你当官，有人专门制衡你，你高不高兴？"这就表示你根本不相信我，你不相信我，那我干吗还对你守信用？"因此闽南语有句话叫"严官府出厚贼"，你管得越严，他花样越多，你不管他，他反而还没那么多事。所以我们现在的很多思路，很多做法，实际上都并不适合中国人的本性，因为很多思路是从外国搬过来的东西。

一般人都会做的事情，曾国藩当然也可以做，他可以说："没办法，风气就是这样，大家都这样做，我如果不这样做，我儿子就会吃亏。"可是他始终坚持,吃亏就吃亏。所以其实当曾国藩的弟弟、儿子都是很吃亏的,因为他管得非常严,要求也异常严格。

那曾国藩是不是老好人?绝对不是。他认为"谨于小而反忽于大,且有谨其所不必谨者"。一个人如果对待小事情就很谨慎的话,反而容易忽略大事情,而且不该谨慎的也谨慎,什么事都谨慎,那最后就会慢慢发展到只求苟安,没有过错就行,而不求振作有为的地步。我们常说"抓大放小",就是应该这样才对,大事情抓紧了,小事情马虎一点,其实没有关系。你如果样样都计较,那就没有人能够跟你配合了,别人最后就会只求保平安,只想着"多做多错,我何必呢"了,那将来"一有艰巨,国家必有乏才之患",就没有人才了。可见曾国藩自始至终都是在替国家着想,而不是替他们家族,更不是替他个人谋取利益或好处。

三、脚踏实地,持之以恒

▶ 准备好了再居高位

曾国藩为什么能获得这些成就?我们都知道他出身农家,中了进士以后,他的官运也不亨通,在清贵的翰林院待了九年。所谓"清贵",就是名望很高,但很清贫。大家想想看,假如你中了进士,你是喜欢被派到地方上去,还是喜欢留在宫廷?留在中央还是去地方?其实各有利弊。你到地方,虽然没有留在中央那么光鲜,但是天高皇帝远,就更容易有所作为;你在中央,表面看似很风光，可是你顶多做做参谋，提提意见，根本没有实际的工作可以做。

曾国藩在翰林院一待就是九年，这是相当长的一段时间，他在那里只有升迁，但是没有实权。一般人往往耐不住，或者觉得怀才不遇，或者跃跃欲试，浮躁不安。曾国藩却没有，他始终保持头脑清醒，他知道如果一个人还没有准备好，就得到机会居高位其实是非常不幸的，因为这样最后会害己害人。因此他利用这段时间不断反省自己，踏踏实实地学习提高，在品性陶冶、意志锻炼和学问精进上，都为以后的发展奠定了很好的根基。

▶ 写有恒箴要求自己

28岁中进士的时候，曾国藩就写了一个有恒箴："曩者所忻，阅时而鄙；故者既抛，新者旋徙。"以前我所喜欢的事情，过一段时间才知道全错了；把故有的东西抛弃掉，新的就马上来了。这听起来好像是求新求变，其实不是求新求变。现在大家不断地在讲创新，讲求新求变，我认为这是非常严重的问题，因为这会让下一代感觉新的就是好的，旧的就是不好的，就会使他们进一步产生喜新厌旧的习惯，一味地鼓吹求新求变会害死我们的子孙。因此我认为"创新"应该改成"创意"，改成"创善"。"创新"这个词是外来词，但其实它的原意不是创新，而是说我们要做得比以前更好，这跟新旧没有关系。

他改名国藩，决心以恒的功夫来自我要求，"凡做一事，便须全副精神注在此一事,首尾不懈。不可见异思迁，做这样想那样，坐这山望那山，人而无恒，终身一无所成"。这就是他自己下定的决心，然后遵照此走下去，他才得以慢慢地将自己的命运改变。

我为什么断定曾国藩读《易经》读得很通，因为他三番两次地提到《易经》。"读易，明白孔子推崇恒卦。"孔子一生提倡道德，他也反复提到过恒卦，"恒，德之固也""恒，杂而不厌""恒以一德"。一个人有没有道德是一回事，能不能持久又是另外一回事，而且后者才是关键，长期坚持"恒"，才能使道德稳固。你说你不害人，但是你能够维持几天呢？你不知道，因为说不定你明天就害人了。所以你能够持久，才是真正有那种修养。"我不贪财，是因为钱太少了，钱多我就贪了。"现在有太多人是这样，别人说"我给你一百"，他就会说"一百算什么，谁稀罕？不要"。更有甚者，"你给我一百，好，我收下，我拿去交给警察，这样我可以被人家表扬"，这就叫你丢我捡，双方合作演一出戏，然后得到表扬。这是非常没意思的事，假仁假义，迟早会被戳穿的。

"夫妇、父子、君臣、兄弟、朋友之间，彼此相感互通，当然很好，但若不能恒久不变，社会怎能安定，家庭怎能和谐？"我们现在也是一样的。社会安不安定，能不能进步，最要紧的是什么？是婚姻，是夫妇这一伦是否错乱。结婚千万不能当儿戏。

> 我结婚那天，最后弄到没有吃饭，要知道我这个人是从小就要按时吃饭的，不吃饭就会很难过，所以当时我脸色就不大好看。我爸爸一看到我这样就问："怎么了？今天怎么不高兴呢？是你结婚啊。"我说："我肚子饿。"他说："我告诉你，那是我故意的。"我说：

"为什么？"他说："我就是要告诉你，结婚不是那么容易的，结一次就够了。"一听这话，我就再也不想结婚了。

可是现在结婚，新郎要出来讲话，新娘也要出来讲话，玩这玩那，五花八门，闹成一团，非常有意思。我们现在真的是不了解古人的用心良苦。为什么以前中国人结婚都是父母的事，而不是当事人的事？因为父母就是要利用结婚这个机会把下一代推荐给亲戚朋友，给大家留下好的印象，这对孩子将来是会有帮助的。

家庭破裂是现在社会最大的乱源，可是大家有没有发现，我们历代的伟人，大部分出自单亲家庭。单亲家庭的家长如果心想"我要对孩子负起更大的责任"，这样就对了；如果灰心丧气地觉得做什么都没用，没有办法，那就真的完了。无论如何都不能说不行，说不行是没用的。那应该怎么办呢？首先，已经离婚了，就不要再提以前的事情。其次，应该告诉孩子，"你爸爸因为有事情到国外去了，他在忙，我们等以后再跟他见面"。你如果恶狠狠地说"你爸爸是死鬼"，那小孩肯定就会受到创伤，你不停地抱怨，就会导致孩子的爱情观不正确，将来他也会对爱情感到恐惧。所以你这是在伤害他，那他还怎么可能成为正常的人？

既然发生了，你就要积极地应对它，你要付出更多来弥补孩子所受的创伤。你要告诉他"这件事情是偶然发生的，不是必然的，天下好男人好女人多得很"，你要健全孩子的心态。千万不要拿单亲家庭做借口，对孩子也采取"破罐子破摔"的态度，父母无论如何都要尽到自己的责任。关于家庭教育问题，其实有一个观念最重要，那就是，夫妇是什么？在卧室里面才是夫妇，出了卧室就不是夫妇了，要么是别人的父母，要么是别人的子弟。

所以我们看了曾国藩说的这些话，应该有个正确认识，道理永远是对的，它不会因为时代的变迁而改变，但是你的方式、方法是可以调整的，你仍旧要走自己应该走的路。

那么，怎样才能做到恒呢？"刚上柔下，各得其位。上下一致，完成任务"，这才是致恒之道。

```
                              妄动，急动，无成
上震（长男）                   盲从招祸
                              不当，无所得
                              不正，招辱
下巽（长女）                   合理刚直，无悔
                              柔弱固执无益
```

图 10　恒卦

这是恒卦（见图10），下面是风，上面是雷，叫作雷风恒。上面是长男，下面是长女，这就可以看出，《易经》其实已经很明确地说了，一定要男人追女人才行，如果一个男人在追求你的时候连一顿饭都要"你出一半钱，我出一半钱"，那你就不要跟这个人一起吃饭了。这个卦的前面一卦是女的在上，男的在下，但是结了婚以后，就变为现在的男的在上，女的在下，这个秩序摆得很清楚。记住，看卦一定要从下往上看。

你如果很柔弱，那你固执是没有用的。你合理地刚直，才不会让自己后悔。可是当你不正直的时候，就一定会遭受耻辱。这些《易经》都讲得非常清楚，到底该怎么办，你要自己去琢磨。上面是"不当，无所得，盲从招祸，妄动，急动，无成"。《易经》往往用非常简单的几句话提示你，可是这些话分析起来又是变化无穷的。其实我们要想一次把它讲通是很难的，比如上图中的三爻和上爻，二爻和五爻，初爻和四爻，都是一刚一柔，都是相应的，单单这个相应的变化就值得我们好好去体会。

▶ 没有什么不可改变

"余三十岁前最好吃烟，片刻不离。后来立志戒烟，至今不再吃。四十六岁以前，做事无恒，近五年深以为戒，现在大小事均尚有恒。即此二端，可见无事不可变也。"

曾国藩30岁以前最喜欢抽烟，可以说手不离烟，甚至可以说片刻不离，后来立志要戒烟，就再也没抽过。这就说明习惯是可以改的。

46岁以前他做事没有恒心。他很早就知道"恒"的重要性，但是经过很多年，他才慢慢做到。"现在大小事均尚有恒"，这句话如果从字面上解释，"我从现在开始觉得我有恒心了"，这样理解是不对的，因为恒心是无止境的，你一放松，老毛病就又出来了；你时时警惕，告诉自己不能错，不能再犯，老实讲即便这样都还不一定有效果。人要拉紧自己很困难，但要放松自己就很容易。稍微一放松，就全松懈了，要再改回来就非常困难了。所以这句话实际上是说他一直到现在还深深觉得自己没有恒心，他不能再没有恒心，因此他要有恒心。

就这两件事情，一个是抽烟，这个习惯戒掉了；一个是没有恒心，现在慢慢地有恒心了，这就证明"无事不可变也"。任何事情都是可以改变的，但是这里面还包含一句话，即"人性是不会改变的"。为什么中国人说话总是这样翻来覆去，就是因为他想要两边都兼顾到，而不会只偏袒某一边，所以怎么讲都对。因此中国人会发明汉语、汉字这样的语言文字，是有高度智慧的。很多人说西方的文化结构很好，因为它很固定，说白就是白，说黑就是黑，可以很明确地说出对错，但是它要变就不容易，而中国人的话反过来想，意思就马上变了。正因为如此，与中国人相处，真的要保持高度的警觉性，脑筋要很灵光，反应要很快。我觉得这就是它的好处，任何事情有坏处就一定有好处，有好处也一定有坏处，不可能只有好处或者只有坏处。同样的道理，当我们说可以的时候，要想到不可以。当我们说要的时候，要想到不要，因为它们都是同时存在的，这是我们跟西方人最大的不同之处。天下事没有什么是不能改变的，这句话同时就含有"基本人性不能改变"的意思，这就叫"有所变有所不变"。

▶ 方向对了再去坚持

"凡是做一件事，无论艰险或平易，必须埋头去做。掘井只要不停地去挖，终究有一天是会出水的。"这是曾国藩说的话，但是掘井一定会出水吗？不一定。我并不是批评曾国藩，我只是提醒大家读书应该怎样去读。

他告诉你，挖井要不停地挖，就总会挖出水的。可是如果你这里挖挖、那里挖挖，当然迟早也会挖出水来，但是你可能半辈子时间就没有了。所以他这句话包含的意思是，先决条件是你要经过测试勘验确定这里有水之后，才可以一直挖，否则你就可能挖到最后什么都挖不出来，或者走很多弯路，浪费很多时间和精力。你去挖井，当然不能说挖两公尺没有水就放弃，也不能说挖四公尺没有水就放弃，如果确实有水，你就要继续挖，直到挖出水为止。可是如果前面的勘验工作没有做好，随便找一个地方挖，那就不能保证一定会出水了。

"如果观望犹豫、半途而废，不仅对于用兵会一无所成，就是做别的事也会因自己停止而完成不了。"这就是说做人做事都要有毅力，要经得起各种挫折，要能面对不同的变数，坚持到底。可是坚持到底的先决条件是方向要正确。方向不正确地坚持到底，结果很可能会不堪设想。

为什么孔子说"三十而立"，三十岁再立定方向和目标，而不要太早确定。现在有些小孩子读五年级的时候就开口闭口讲"这是我的原则"，这很可怕。那么小的人，能有什么原则呢？他懂什么叫原则？可是做父母的经常不忍心去纠正他，也害怕自己去纠正他，怕他因此以后什么话都不跟自己说了，这其实是害他。

那么，我是怎么做的呢？大家可以作参考。我就说："你真了不起，你才上五年级就有原则了，我到大三还没有原则呢。"他就愣在那里。我又说："太早有原则，这个原则不一定对。"但是我马上又说："不过你很聪明，你大概是对的，所以你最好回去问问你爸爸，看你这个原则对不对，因为你爸爸毕竟比你经验丰富。"结果他很认真地点头说："好。"教训人家是不好的，但是不忍心去告诉别人真正的道理，那你就又没尽到责任，这才叫"一阴一阳之谓道"。所以怎样做到"同样一句话，讲得漂亮一点"就尤为重要。我们现在就是不懂得什么叫作"漂亮"。"漂亮"就是圆满的意思，你必须要照顾到方方面面。你得罪任何人，都是不成功的。

四、人生就是阶段性调整

我想阶段性调整是我们每个人都必须要做的事情。我最常写的一句话，就是"人生是阶段性的调整"。你只要调整不过去，就会下来，那就永远再难上去。在人生道路上，我们每走一段就会遇到瓶颈，那个瓶颈就是转折点，或者叫拐点。你拐不过去，就会栽跟头。人生经常会遇到转折，那时候你就要好好考虑怎么转得好、转得顺、转得有效，这就叫调整。

▶ 少年时期

曾国藩年少时勤读经典，后来考中进士。考试是一个人一生中非常重要的一个关卡。我们到现在还是一试定终身，很多人对此或抱怨或抨击，大家都以为只有我们中国人这么重视考试，觉得这好像是中国特色，其实全世界都一样。你到日本去看，只要你考取东京大学，这辈子的所有问题就都解决了，自然有人会来为你说亲说媒，自然有人要把他的事业交给你，自然有很多人留了好职位等着你去。在美国也是一样，你以为要进哈佛大学很容易吗？也是从小就要准备的，你只要一进去，很多问题大概也就都解决了。同样，在英国你只要进了剑桥大学或者牛津大学，也没有什么好发愁的了。

考试是所有人类都在做的事情，而不单单是我们中国这样。你考上好学校，别人就会对你另眼看待，这是很普遍的现象。这能怪谁呢？因为别人没有办法判断，只有靠文凭来判断。虽然这是很不恰当的，但是没有办法，我们暂时没有找到其他更好的办法。所以曾国藩考中进士，就等于把他的家庭推向了更高一层，否则的话，他永远就只是一个农家子弟，也不可能有那么好的机会跟那些名流认识，跟他们交流互动，更不会有权力办团练、打太平军，这些都轮不到他。

▶ 青年时期

青年时期，他志向坚定，甚至自己改名叫国藩，就是要"为国藩篱"。其实他这个名字，我们很客观地说，改得很不好。从正面看，这显示他很有志气，但是从负面看，他是在找自己的麻烦，而且甚至可以说给他增加了很大的负担。你叫本名就好了，有真才实力才最要紧。改名干什么呢？可是他改了，改了之后就只能他自己去受罪了。

所以不要说名字取得好才好，名字必须要跟人配合起来才有用。很多人的名字就是叫不起来，别人一看到他就叫其绰号，这有什么办法？名字应该是合适不合适比较重要，而不是好不好的问题。曾国藩"决心为国藩篱,澄清天下而奋斗不已"，这是好事情，但这会很辛苦。很多事情其实都没有好坏，每个人做任何事情都是自作自受，最后都要自己承担。这些才是我们现代人应该好好吸取的宝贵经验。

▶ 壮年时期

曾国藩壮年的时候历经苦难，尤其是我们前面讲的那十年，既艰困又阻塞，寸步难行，稍不留意就会招来祸患，战战兢兢，如履薄冰，好几次实在没有办法之际，甚至欲求一死，可是待他醒悟之后，又开始坚持恒卦，只思进德修业，坚忍不移，最后硬是化险为夷，化蹇为恒。要知道这个"忍"的功夫是很难养成的。

▶ 老年时期

待到老年，曾国藩又能审时度势，因为他把当时的情势都看得很明白，所以就能抓准时机，当机立断，裁军而不辞官，最后才得以全身而退。否则当时太平军已平，以他当时的危险处境，只要他做错一事，走错一步，不要说晚节不保，甚至还会死无葬身之地，而他一生的艰辛努力也就都付诸流水，一场空了。

五、左手《易经》，右手《三国》

▶ 遵循易道而行

曾国藩是熟读《易经》的，而且更重要的是，他能遵循易道而行，这是我们应该学习曾国藩的第一点。《易经》告诉我们"时"非常重要，它可以决定很多事情。"时"没有到，能拖就拖；"时"一到，当机立断。所以要坚持待时而动，顺势而为。不管是顺境、逆境，都要审时度势。当然逆时要有逆时的做法，顺时要有顺时的做法，只要稍不合理，就会徒劳无功。

"盛时常作衰时想，上场当念下场时。"我们常常讲"上台靠机会，下台靠智慧"，上台是很容易的，一有机会，别人一招手，你就上去了；可是下台往往是很难的，若不运用智慧，很可能在还没有走到家的路上，就被别人腰斩三段。所以曾国藩坚持裁军而不辞官，因为这样才能够"持盈保泰"，这就是《易经》教给他的智慧。身处顺境乃至极盛之时，都该时刻小心谨慎，保持安定，才能保住已有的事业。

➤ **熟读《三国演义》**

我反复强调，《三国演义》里面有许多精华的东西。一个人如果不读《三国演义》实在太可惜了，而且一定要在年轻的时候就读，不要等到老了才读。因为一般而言，人到老年，往往已经够世故，够有谋略了，而年轻人尚不懂世事，从《三国演义》中学习这些东西对他们会非常有帮助。

曾国藩是怎么演绎《三国演义》的呢？他一方面"谨慎如孔明，处处留余地"，一方面又不守旧迂腐，而是灵活应变，圆通自如。太平军年轻一辈的将领中最会打仗的是李秀成。李秀成带领太平军在南京与湘军交锋，最后战败逃亡，结果被老百姓抓获，送到曾国荃那里。曾国荃最恨的就是李秀成，所以就拿了一把钻孔的铁锥往他身上猛刺以泄愤。当时抓获李秀成是大功劳，所以大家都争着抢功，都说李秀成是自己抓的，甚至还反过来怀疑那些送他来的农民，说他们把李秀成身上的宝贝都抢光了，要拷打他们，总之是乱作一团。

如果你是曾国藩，碰到这种情况你会怎么办？曾国藩的处理办法正好证明他不是一个老好人，不是一个迂腐的人。按理说，像李秀成这样的人，曾国藩是没有权力处置的，必须送由朝廷发落。《三国演义》里面的魏国大将邓艾，冒那么大的险把蜀国的成都打下来了，可就因为他处置不当，朝廷立马就把他杀了。同样，曾国藩要是敢处理李秀成的事情，别人就会认为他有造反之心，认为他心目中完全没有皇上。当时连外国人都跟他说："像这种人，你赶快送到朝廷去，让朝廷发落。"

可是曾国藩心想："我如果把他送到朝廷，就会承担非常大的风险，我的处境会很危险。"首先，李秀成也会编造，他会说湘军很残忍，"你看我身上都是洞，他们连对我都这样，对其他人肯定更厉害。我们本来很早就要归顺的，就是因为他们太残忍，才会顽强抵抗"，甚至其他更厉害的诬陷。其次，他会透露湘军内部的很多信息。老实讲，要军队里的所有人完全守纪律是很难的。湘军当时就有一个人打胜仗之后太高兴了，见到女人就扑上去，最后甚至闹出人命。因为处在一个非常时期，大家不要用看待常人的眼光去看。那不能送朝廷，该怎么办呢？斩。可是他敢斩李秀成吗？他如果敢斩，皇帝正好能以此为借口把他给斩了。

最后他写了一个奏疏，说："我现在抓到李秀成（他说得很含糊，不敢说是怎么抓的），我是不是要送到京城去？还是我就地处决？请裁决。"那边奏疏刚送出去，这边他就让李秀成吃得饱饱的，然后把他斩了。朝廷自然就会来质问："你怎么可以自行处决他呢？你应该让朝廷来决定才对。"曾国藩就解释："我也想这样，只不过我请示的奏疏送上去之后，隔了很久也没有下来，可能是驿站误递，耽误了，而这边呢，他硬要造反，所以我等不及，只好先斩了。"这明明是撒谎，但是他不撒谎就没命了。

中国人撒谎常常是尊重别人，爱护自己的结果，这样才叫不迂腐。因为他如果真的请示上面了，上面的答复一定是要解送朝廷，绝对不会授权让他去处置的。那后面的问题就会很多，曾国藩肯定会吃不了兜着走。因此杀人灭口是非做不可的事情，可是他也一定要能自圆其说。后来这件事情在朝廷闹了很久，慈禧最后就说了一句话："人都死了还吵什么，算了算了。"大家说慈禧不好，但是她也有可爱的地方，她很会处理这类事情。曾国藩就这样将事情掩饰过去，也把后患降到了最低，这叫什么？这叫圆通，而不叫圆滑，叫艺术，而不叫奸诈。大家好好去体会这其中的差别。

第四节
曾国藩的告诫

曾国藩作为"中华千古第一完人"，他不仅造福自家子孙，家族后代遵从其遗训未出一个"败家子"，与此同时，他也为后世所有华夏子孙留下了无尽财富，他的人生智慧与箴言犹如一股永不枯竭的清流滋润着无数人。对于我们现代人而言，他留给我们的启示至少有以下三点。

一、继旧开新，而非求新求变

继旧开新，但是绝对不可以求新求变。生活方式、工作方法是可以变的，但是基本法则、伦理道德不能变。《易经》告诉你有不易的部分，但并不是完全变异（易）。

我们经常说"一切一切都在变，只有变才是实在的"，这句话其实不对。因为没有不变，就谈不上变，不变和变是同时存在的，所以一定要有所变，有所不变，以不变应万变。只有"以不变应万变"才是最高的智慧。

二、治学有方，而非开卷有益

以前说"开卷有益"，没有错，因为过去的人写书是很谨慎的，是要负责任的。可现在不是，现在很多人一下子出了一大堆书，这其中好书固然有，但是其他各种各样的书更多，好书也容易被淹没了。身处知识爆炸、资讯泛滥的时代，我们就更加要慎选，要明辨，以免不明是非。

开卷并不一定就有益，记住：凡经过的必留下痕迹，你所听到的话都会有痕迹，不好的话一定会害你。因此千万不要说"姑且听，没坏处"，也不要说"我去听课，只要听到一句对我有用的就好了"。一定要听圣贤的话，否则宁可不听不看。不听不看，你还不会受害，听了看了就麻烦了，因为听了看了之后再想要清除它是很难的。不管怎样，合理的才可以听，合理的才能拿来用。

三、深思熟虑，而非立即反应

做人要深思熟虑，而不是立即反应。偏偏我们现在都是鼓励大家立即反应，"马上说""马上做""马上表明态度""你怎么这么慢"。其实反复思虑并不是优柔寡断，要求别人尽快说清楚、讲明白才是有存心害人的不良企图。深思熟虑，考虑周全，往往才能对一件事情做出最好的应对，也才能取得最好的效果，否则就会后患无穷，你自己也会因为轻率鲁莽而自食苦果，后悔不迭。

　　我们讲曾国藩，到这里就可以告一段落了。有一点大家必须清楚，曾国藩是曾国藩，我们是我们，我们学他也学不像，就算学得很像也没有用。我们还是要走自己的路，讲自己的话。每个人最要紧的是要好好想一想，你这辈子来到这世上到底是要干什么的，这才是最关键的。"死在生前方为道"，你在没死以前，就知道自己这辈子要干什么，以及自己死了以后会是什么样子，那么，真正到死的那一刻，你就不会有什么忧虑，也不会有什么恐惧。

后 记

　　最后要跟大家说明一个问题,那就是我为什么要讲《易经》。不仅因为曾国藩个人的人生经历恰好与某几个卦象惊人地契合,也不仅因为所讨论的问题正好都可以用《易经》的观点与智慧来理解和解读,更因为《易经》才是根本。你不懂得《易经》,就永远不会了解中国人为什么会是这样;你懂得了《易经》,对于所有的事情,你可能一下子全都悟通,你会发现所有的事情其实都是乱中有序,虽然乱,但是很有条理。把乱和有序结合起来看,就掌握了《易经》的精髓。

一、讲《易经》之缘由

　　《易经》的"易"有三重含义,变易、不易、简易。一切都在变,都在流逝,一切都是无常,唯有变不变。什么叫"不易"?生命只有一次,也就是这辈子只有一次。你不能永远不死,你也不能死而复生,这是不易。世界上没法改变的东西还有很多,比如好有好报,坏有坏报,这也是不易的东西。你先认识清楚那些不易的东西再来变易,才不会乱。有原则地变就不是乱变,没有原则地变是很可怕的,变到别人都不知道你下次会采取哪种标准或方式的时候，你就是很可怕的了。而最要紧的还是要交易，当然这里的"交易"不是我们一般所理解的意思，而是广泛意义上的交换与交流互动。人与人之间要有交易，国家与国家之间要有交易，民族与民族之间要有交易，文化与文化之间也要有交易，只有这样，整个人类才会生生不息。那么什么叫"简易"呢？就是指宇宙间的万事万物无论多么错综复杂，只要我们懂得其原理、原则，就会变得非常简单，就能化繁为简。

我为什么会写关于《易经》的书？答案很简单，就是因为一般讲《易经》的书，初学的人去看，往往很难看懂，这是事实。你一翻开就看到"乾。元亨利贞"，你心里就会想："惨了，这讲的是什么？"这些书都抓不到门道，"书很好，但就是看不懂"。要知道在古代，"元亨利贞"是百姓使用非常普遍的话，所以根本就不用解释。当时的人们都能懂，但是时代隔得太久远了以后，我们就慢慢不知道它的意思了。现在单是对"元亨利贞"，就有十几种解释，所以我才想到应该有一个入门的基础的东西来帮助更多初学者。

大家要记住，《易经》是你每天二十四小时都在用的东西，只是你不知道，所以叫作"百姓日用而不知"。你的所作所为，你所讲的话，没有一样离得开《易经》。你用《易经》来解释佛经可以，用《易经》来解释基督教的《圣经》也可以，但是反过来就不行，就解释不通，因为《易经》是全世界最广大的系统，它可以包容所有的东西，甚至可以说无所不包。

二、《易经》越早读越好

那到底该怎么学《易经》呢？我在这里给大家一些建议。

你越早读《易经》，受用的时间就会越长。我自己是很晚才读，39岁的时候搞得焦头烂额、无路可走了，但是我也没想到自杀，只是心想："完蛋了，这怎么活呢？"后来我就开始读《易经》，读了《易经》以后，心病也没有了，什么事都没有了。因为只要心态一调整，所有的事情、所有的问题就都解决了。而且在这之后，你再看中国人会越看越有趣，因为中国人本来就是这样，只是我们很多人看不懂而已。

我就举一个例子。作为父母，大家都会告诉小孩要诚实，不能撒谎。可是有一天如果一个人来找你，你又不想见他，你的小孩很乖，他跑过来说："爸爸，李叔叔来找你。"你怎么回答？"快快，快告诉他，说我不在。"每个人都在用这一套，可是你这不是撒谎是什么呢？你能永远讲实在话吗？谁又敢说自己从小到大没有撒过谎呢？老实讲，如果真的从来没有撒过谎，你就不能活到现在了。你只有了解你自己，才能了解别人。"知性者同居"，彼此要相互了解，互动起来才会顺利。

三、《易经真的很容易》

另外，我推荐大家去看一本书，书名叫《易经真的很容易》。这本书会告诉你《易经》并不神秘，你也不会读不懂，而且它会给你很多具体有效的建议。通过它，你就算再看不懂《易经》，也进得了《易经》，进而从中领略到《易经》中的玄妙智慧，真正受益于《易经》。

四、三季人的故事

这是我讲过的所有故事中现在在大陆流传最广的一个，前几天还有人写信跟我提到它。这个故事讲的是什么呢？

有一个人，跑去找孔子请教问题，正好孔子的学生在外面扫地，他就问："你是谁？"那位学生就说："我是孔子的弟子。"他说："那太好了，我请教你一个问题。"那位学生原本以为问题会很难，问他是什么问题，他说："一年到底有几季？"那位学生听了几乎快要笑出来，心想这个人竟然连一年几季都不知道，就回答说四季。他说："不对，一年只有三季。""你胡说，明明是四季。"他说："我们赌一赌，如果只有三季，你给我磕三个头，如果真的有四季，我给你磕三个头。"孔子的学生心里就想："我稳赢。"正好这时候孔子出来，学生就兴高采烈地跑上去问："老师，一年有几季？"孔子说三季。那位学生就说："老师你怎么可以这样说？"孔子说，三季就是三季。来人就很满意，对孔子的学生说："跪，磕头。"那位学生没有办法，只好给他磕了三个头。那个人高高兴兴地走了。之后那位学生就问孔子："老师，一年明明有四季，你怎么说三季？"孔子说："你不会看人啊？那个人全身都是绿的，他就是蚱蜢，蚱蜢是什么？就是蚂蚱。蚂蚱只能活三季，他从来不知道有第四季。你跟他讲四季，怎么讲都不会有用。"孔子这其实就是要告诉我们：见人说人话，见鬼说鬼话。

很多人听了这个故事之后颇受启发，有人甚至跟我说："听了这个故事，我最起码多活十年。"我就问："真的？"他说："真的，反正现在只要有人跟我辩，说这说那，我只要自己在心里说一句'三季人'就解决了，那我就会很轻松。"现在"三季人"太多了。所谓"夏虫不可以语冰"，从来没有看到过冰的人，你跟他讲冰，那你不是自找麻烦吗？所以如果有人跟你辩论，他非要坚持什么，你就说"嗯，对，没错"，然后心里想"又遇到个'三季人'"，这样你就会少生很多不必要的烦恼。而且你也会突然发现自己非常轻松，你的生活也会渐渐变得简单而自在。

附录一 曾国藩年表

1811年11月26日（农历十月十一），生于湖南省长沙府湘乡县（今湖南省娄底市）。乳名宽一，本名子城，字伯涵，号涤生，28岁改名国藩。

6岁，入家塾"利见斋"，随父曾麟书读书。

16岁，应长沙府童子试，名列第七。

20岁，就读于衡阳唐氏宗祠，师从汪觉庵。

21岁，入湘乡涟滨书院。

23岁，湘乡县试中秀才。

24岁，入岳麓书院，参加乡试中第三十六名举人。

25、26岁，连考进士，皆名落孙山。

28岁，改名国藩，决心为国藩篱；

中进士，授翰林院庶吉士；写有恒箴，集中精力追求安心立命、经国济世真学问；勤读史书，培养出"以天下为己任"之志气。

29岁，长子纪泽出生，开始作日记，至终不辍。

30岁，生病，欧阳兆熊、吴廷栋细心护理，结为好友。

31岁，向理学大师唐鉴请教治学之方、检身之要——读史，另得其指点"终日乾乾"。

32岁，致力程朱理学，每日早起、静坐、读史、谨言、养气、保身、书法、夜不出门，渐有大人相；日记指出"余病根在无恒"。

36岁，养病报国寺，悟"执两用中"大道理。

37岁，升任内阁大学士。

38岁，次子纪鸿出生，辑成《曾氏家训》。

39岁，升礼部右侍郎，旋兼兵部右侍郎。

40岁，兼工部右侍郎；上《应诏陈言疏》，直言官场萎靡因循，官吏腐败无能；兼吏部左侍郎。

41岁，开始经历最艰难困苦的十年。洪秀全起义；

咸丰登基，上《敬陈圣德三端预防流弊疏》，咸丰怒掷于地，欲罪之。

42岁，再上《备陈民间疾苦疏》；

回乡奔母丧，逢太平军出广西、攻长沙。

43岁，始患得患失，不敢担任，后奉召以礼部侍郎身份帮同湖南巡抚督办团练，终成湘勇主帅，并在此基础上创建湘军；

太平军定都天京。奏准移驻衡州练兵，建船厂，购洋炮，筹建水师。

44岁，兵败靖港，投水获救。

45岁，石达开攻湘军水营，烧毁战船百余艘，座船被俘，文卷俱失，欲策马以死。

46岁，坐困南昌，太平军内讧。

47岁，父亲去世，咸丰准其在家守制。反省后深悟长傲、多言，为官场致祸的根源。

48岁，出武昌，会胡林翼进兵；给曾国荃写信，应回归老实本性。

49岁，李鸿章前来襄助军务；作《圣哲画像记》；

写日记悟"不恒其德，或承之羞"，须努力向前，将一切闲思维、闲应酬、闲语言扫除净尽，专心一意钻进里面，安身立命，务要换一个人出来。

50岁以后，胜算愈来愈大，转忧为喜。

50岁，辑录《经史百家杂钞》26卷，"尽抢四部精要"；

太平军攻占江浙一带，咸丰命其撤安庆保江浙，却坚持己见，反倒使朝廷改变旨令。

51岁，指出购买外洋船炮，为今日救时之第一要务，之后再演习制造；

攻陷安庆；

定三路进兵之策：曾国荃围攻金陵，左宗棠攻打浙江，李鸿章主攻江苏，"于是东南肃清之局定矣"。

52岁，力陈"中华之难中华当之，绝不能让洋人以助剿来蹂躏中国之土地"；

致子信：读书可变气质，由戒烟和从有恒到无恒此二事，知无事不可变。

53岁，登上中国第一艘木刻小火轮，喜而命名为"黄鹄号"。

54岁，攻陷天京。平太平天国有功，封毅勇侯，可世袭。告曾国荃尽快隐退。奏请将湘军遣散，获准。

55岁，主持修葺种山、尊经两书院。收养八百孤寒子弟，并从自己养廉银中捐款课奖；

接上谕，率军赴山东剿捻；

组建江南制造总局。

56岁，连续两次请假，在营调理。

57岁，扩大江南制造厂规模，拟设译书馆等。

58岁，左宗棠上奏，请求下诏促全国大臣学习曾国藩的知人之明；

　　被封为武英殿大学士，位尊为相，居汉大臣首位，但并无实权；

　　觐见慈禧太后与同治皇帝；

　　纪鸿中秀才后几次到府城应试不顺，写信告诫不可与州县来往，不可送条子。

　　59岁，奏请练兵、饬吏、治河为要务。

　　60岁，肝病日重，右眼失明；奉命前往天津办理天津教案。

　　61岁，上海祝寿。

　　62岁（1872年），领衔上奏：促请对"派遣留学生一事"尽快落实，并提出在美国设立"中国留学生事务所"，还在上海设立幼童出洋肄业局；

　　书告兄弟仕途险恶，必须保重。

　　同年3月12日，午后散步，突发脚麻，纪泽扶回书房，端坐三刻逝世，善终。是月，清廷闻讣，辍朝三日。追赠太傅，谥文正，祀京师昭忠、贤良祠。

附录二 易经卦爻辞（部分）

01 乾卦

卦辞

乾：元，亨，利，贞。

爻辞

初九：潜龙勿用。

九二：见龙在田，利见大人。

九三：君子终日乾乾，夕惕若，厉无咎。

九四：或跃在渊，无咎。

九五：飞龙在天，利见大人。

上九：亢龙有悔。

用九（六十四卦中唯独乾、坤两卦在六爻之外，多出一个"有象无位"的"用爻"，即用九、用六）：见群龙，无首吉。

02 坤卦

卦辞

坤：元，亨，利牝马之贞。君子有攸往，先迷后得主，利西南得朋，东北丧朋。安贞，吉。

爻辞

初六：履霜，坚冰至。

六二：直，方，大，不习无不利。

六三：含章可贞。或从王事，无成有终。

六四：括囊，无咎，无誉。

六五：黄裳，元吉。

上六：龙战于野，其血玄黄。

用六：利永贞。

39 蹇卦

卦辞

蹇：利西南，不利东北；利见大人，贞吉。

爻辞

初六：往蹇，来誉。

六二：王臣蹇蹇，匪躬之故。

九三：往蹇，来反。

六四：往蹇，来连。

九五：大蹇，朋来。

上六：往蹇，来硕，吉；利见大人。

32 恒卦

卦辞

恒：亨，无咎，利贞，利有攸往。

爻辞

初六：浚恒，贞凶，无攸利。

九二：悔亡。

九三：不恒其德，或承之羞，贞吝。

九四：田无禽。

六五：恒其德，贞，妇人吉，夫子凶。

上六：振恒，凶。

37 家人卦

卦辞

家人：利女贞。

爻辞

初九：闲有家，悔亡。

六二：无攸遂，在中馈，贞吉。

九三：家人嗃嗃，悔厉吉；妇子嘻嘻，终吝。

六四：富家，大吉。

九五：王假有家，勿恤，吉。

上九：有孚威如，终吉。

23 剥卦

卦辞

剥：不利有攸往。

爻辞

初六：剥床以足，蔑贞凶。

六二：剥床以辨，蔑贞凶。

六三：剥之，无咎。

六四：剥床以肤，凶。

六五：贯鱼，以宫人宠，无不利。

上九：硕果不食，君子得舆，小人剥庐。

24 复卦

卦辞

复：亨。出入无疾，朋来无咎。反复其道，七日来复，利有攸往。

爻辞

初九：不远复，无祗悔，元吉。

六二：休复，吉。

六三：频复，厉无咎。

六四：中行独复。

六五：敦复，无悔。

上六：迷复，凶，有灾眚。用行师，终有大败，以其国君，凶；至于十年，不克征。

43 夬卦

卦辞

夬：扬于王庭，孚号，有厉。告自邑，不利即戎，利有攸往。

爻辞

初九：壮于前趾，往，不胜为咎。

九二：惕号，莫夜有戎，勿恤。

九三：壮于頄，有凶。君子夬夬独行，遇雨若濡，有愠，无咎。

九四：臀无肤，其行次且。牵羊悔亡，闻言不信。

九五：苋陆夬夬，中行无咎。

上六：无号，终有凶。

44 姤卦

卦辞

姤：女壮，勿用取女。

爻辞

初六：系于金柅，贞吉。有攸往，见凶。羸豕孚蹢躅。

九二：包有鱼，无咎，不利宾。

九三：臀无肤，其行次且，厉，无大咎。

九四：包无鱼，起凶。

九五：以杞包瓜，含章，有陨自天。

上九：姤其角，吝，无咎。

19 临卦

卦辞

临：元，亨，利，贞。至于八月，有凶。

爻辞

初九：咸临，贞吉。

九二：咸临，吉，无不利。

六三：甘临，无攸利。既忧之，无咎。

六四：至临，无咎。

六五：知临，大君之宜，吉。

上六：敦临，吉无咎。

15 谦卦

卦辞

谦：亨。君子有终。

爻辞

初六：谦谦君子，用涉大川，吉。

六二：鸣谦，贞吉。

九三：劳谦君子，有终，吉。

六四：无不利，撝谦。

六五：不富以其邻，利用侵伐，无不利。

上六：鸣谦，利用行师，征邑国。

附录三 曾仕强智慧语录

人生提醒

· 一个人是可以改变自己的命运的,但只能你自己改,改你的心,改你的观念。

· 每个人都有盲点,这些盲点就是你自己看不清楚的点。你要勇敢地面对自己,找出自己的缺点。记住,你的缺点就是你这辈子的功课。

· 每个人都要记住四个字:适可而止。任何时候都要有"自知之明",明确自己所处的位置,切勿得寸进尺。

· 人有时候是需要有人来点醒的。这不是谁聪明不聪明的问题,而是看自己的事情经常看不清楚,看别人的事情反而看得很明白。

· 你干吗要去说服别人?你凭什么去说服别人?又有谁愿意被你说服?"说服"这两个字要从我们的脑海里彻底清除掉。我们没有资格去说服任何人,也很少有人真正愿意接受我们的说服。我们只能说,"我做了,你可以参考一下"。

· 现代人最大的毛病就是"我知道,就是做不到",不要拿这句话当借口,真正知道的人,一定做得到。只有做到的人,才有资格说知道。凡是做起来、行起来有困难的,就是没有真正知道。

· 一个人要老实,但是不能太老实;一个人要认真,但又不能太认真。

·人生是阶段性的调整。我们每走一段就会遇到瓶颈，那个瓶颈就是转折点，或者叫拐点。你拐不过去，就会栽跟头。你要好好考虑怎么转得好、转得顺、转得有效，这就叫调整。

真知灼见

·每个中国人生下来都是一条龙，都是龙子龙孙，只是死后是龙是虫的区别。

·中国社会是一个完全没有秘密的社会，中国人是全世界对机密的传播最感兴趣的人，而且每个人都有一个非说不可的人。

·中国人的民族性就是四个字——能屈能伸。我们团结的时候是全世界最团结的，不团结的时候又是全世界最不团结的。

·你这辈子长成什么面相，都是根据这辈子要做的事情配搭好的。你如果去整容，整到最后连自己最初的任务都忘记了，那你这辈子就白来了。看相其实是用来帮助你调整自己的。

·凡事都要慢慢地走弧线上来，世界上最好的东西就是曲线，而不是直线。

·凡是能够在企业界实施的东西，没有一件是高深莫测的。

·我们身体的哪个部位是最早退化的？耳朵。人一出生，耳朵就开始退化。随着年龄的增长，我们会对别人的话越来越听不进去，所以越老越固执。

·在任何时代，保持勤劳、谦虚、礼让、节俭都绝对没有错，这些无论如何一定要坚持。

·中华民族的老祖宗、圣人所讲的话，都是对的，是我们看错了，悟不透，才导致自己最后做错，这是我近四十年最宝贵的经验。

观念新解

·"明哲保身"不是怕死。一个人如果不爱惜身体，连自己都保不住，又有什么能力去保别人呢？

·"慎独"就是好好做自己，走自己的路。而不是我们一般所理解的单独一个人的时候要小心，要时刻注意自己的言行。这个"独"是你特有的、独特的，跟别人不一样的地方。但是如果你的特色总是和大家格格不入，那你自己就要好好去调整。

·每一个人都应该抱"做一天和尚，撞一天钟"的心情，不要觉得这样不好。你本来就应该做好自己应该做的分内之事。

·"求新求变"会害死我们的子孙，因为这会让下一代感觉新的就是好的，旧的就是不好的，就会让他们进一步产生喜新厌旧的习惯。

·以前说"开卷有益"，没有错，因为过去的人写书是很谨慎的，是要负责任的。但现在就不一样了。要记住：凡经过的必留下痕迹，你所听到的话都会有痕迹，不好的话一定会害你。

为人父母

·"边带边教"，其实父母的责任就是这四个字。

·每个人一辈子只喝两杯酒：一杯苦酒，一杯甜酒。关键看你怎么喝，你先把甜的灌下去喝光，后面就会受罪。因此我们宁可年轻的时候受点罪、吃点苦。所以父母不要怕孩子吃苦。父母不可能跟随子女一辈子，这句话，做父母的应该牢记于心。

·从古至今的圣贤没有谁不是由勉强到自然，由稚嫩到成熟的，从来就没有天生的圣人。所以父母一定要教孩子，该勉强的时候就要勉强。人都是懒惰的，都喜欢轻松。你如果不管他，他就会顺势整天嘻嘻哈哈过日子，也就很难有大成就了。

·有所为，有所不为，才是真正的爱孩子。

青年忠告

·人没有忧患，是成长不了的。

·年轻人刚进入社会，我是主张可以改来改去的。但是不能超过五年，五年以后就应该大概知道你这辈子要做什么了，然后就要坚定不移地走下去。刚开始变是应该的，那叫调整。但是如果一直变，就表示你是不成熟的，也说明你根本没有定向。

·孝是根本的，一个人如果不孝敬父母，其他真的都免谈。

·我不太赞成用"孝顺"这两个字。你爸爸叫你做坏事，你也要顺他，也要听他的吗？如果懂《易经》，你就会知道，站在不顺的立场来顺，才会顺得合理。千万不要盲从，盲从是很可怕的。你一定要有警觉性，自己要有独立清醒的判断。

领导建议

·凡是当老板当得很辛苦的人，很大一个原因就是他缺少"中国式"这一部分修养。

·领导者只需在一件事上检讨自己，那就是用对人没有，把人安排在合适的地方没有，这才是领导者的责任。

·一个老板只有两件事情要做：第一，把场子做大，让每个人都有升迁的希望；第二，让跟自己的人都有饭吃。

·作为一个领导，一定要恩威并济，不可以好到底，好到底就变成了烂好人，也不能坏到底，坏到底就是硬心肠，那肯定不能得人心。

·当领导，最忌抢功。总是恨不得把所有功劳都归在自己身上，这是用人大忌。

·精于管理的人也经常会死于管理，为什么？因为他把管理看得太万能了。其实管理只是一种工具而已，真正的关键还是管理者的品德。

诠释曾公

·"吾人只有进德、修业两事靠得住。至于功名富贵，悉由命定，丝毫不能自主。""险阻重重，寸步难行"时该怎么办？唯一的办法就是冷静下来，想想自己有什么做得不对、做得不够的地方，以及该如何去调整。记住：只有修德，可以逢凶化吉。

·"命可改，唯有自己改。"用什么来改？用学习来改，但先决条件是要学对。我们很多人有的毛病，曾国藩曾经也都有过，关键是后来他自己都改了，这才厉害。一个人最了不起的不是说"我天赋异禀，我有什么好的遗传"，而是说"我不管怎样，都要把自己变得越来越好"，这才是最大的修炼。

·"一生成功，全在受辱、受挫之时"，它其实正好是你快速成长的机会，你不要怪天，也不要怪别人。"凡事皆有极难之时，打得通、忍得住，便成豪杰"。

- "吾辈既知此学，便须努力向前，将一切闲思维、闲应酬、闲语言扫除净尽，专心一意钻进里面，安身立命，务要换一个人出来，方是进步功夫。"要想办法了解自己的缺点在哪里，然后勇敢地把自己换出一个人来，这才是进步的功夫。

- 怎样会败家？"礼仪全废者败，兄弟欺诈者败，妇女淫乱者败，子弟傲慢者败。""傲为凶德，惰为衰气，二者皆败家之道。"

- "平生只为不静，断送了几十年光阴。为什么如此交游往来，无非是为了好名，希望别人说自己好"，为虚名浪费时间和精力。现在很多人追求的一夕爆红其实毫无意义。

- "凡做一事，便须全副精神注在此一事，首尾不懈。不可见异思迁，做这样想那样，坐这山望那山，人而无恒，终身一无所成。"这就是他自己下定的决心，然后才慢慢地将自己的命运转变。